Shyi-Min Lu

Política energética dos EUA choca o mundo

Shyi-Min Lu

Política energética dos EUA choca o mundo

ScienciaScripts

Imprint

Any brand names and product names mentioned in this book are subject to trademark, brand or patent protection and are trademarks or registered trademarks of their respective holders. The use of brand names, product names, common names, trade names, product descriptions etc. even without a particular marking in this work is in no way to be construed to mean that such names may be regarded as unrestricted in respect of trademark and brand protection legislation and could thus be used by anyone.

Cover image: www.ingimage.com

This book is a translation from the original published under ISBN 978-3-659-86165-9.

Publisher:
Sciencia Scripts
is a trademark of
Dodo Books Indian Ocean Ltd. and OmniScriptum S.R.L publishing group

120 High Road, East Finchley, London, N2 9ED, United Kingdom
Str. Armeneasca 28/1, office 1, Chisinau MD-2012, Republic of Moldova, Europe
Printed at: see last page
ISBN: 978-620-3-81546-7

Conteúdo

CAPÍTULO 1

A política energética de Trump e os seus impactos

Durante as eleições presidenciais norte-americanas de 2016, Donna Trump propôs uma série de slogans de campanha, como "America First", atraindo o público em geral, e foi eleita com sucesso o 45º presidente dos Estados Unidos. Após a tomada de posse, a 20 de janeiro de 2017, de acordo com as promessas de campanha, Trump propôs a política energética prioritária dos EUA e assinou muitas leis e regulamentos relacionados, centrando-se em dois pontos principais: em primeiro lugar, o desenvolvimento de energias fósseis nacionais para garantir a autonomia energética; em segundo lugar, o desconhecimento das alterações climáticas e a retirada do Acordo de Paris. Sendo os Estados Unidos o primeiro país forte do mundo, a política energética do Presidente Donald Trump, que visa os interesses mais elevados dos Estados Unidos, é tão boa como lançar uma bomba que choca a situação energética mundial. Neste artigo, o autor analisa a principal política energética de Trump e aborda o seu possível impacto no mundo.

Palavras-chave: Política energética; Estados Unidos da América; Donald Trump; Energia fóssil; Acordo de Paris.

1. Introdução

Os Estados Unidos são o país mais forte do mundo. A política energética do presidente dos EUA tem um impacto de grande alcance no mundo. Donald Trump, o novo presidente dos Estados Unidos, propõe uma nova política energética [1] que anula a antiga política energética do antigo presidente Barack Obama. A política energética de Trump centra-se nos combustíveis fósseis e na ignorância das alterações climáticas [2]. É como lançar uma bomba que choca a situação energética internacional. Durante a campanha, Trump propôs um "Plano de Energia América Primeiro", mostrando a sua determinação em desregulamentar o controlo da exploração de energia fóssil nos Estados Unidos. Entretanto, Trump prometeu retirar-se do Acordo de Paris para alcançar a autonomia energética dos EUA. Em 20 de janeiro de 2017, na tomada de posse, Trump emitiu uma mensagem clara de uma mudança significativa na política energética e ambiental como um dos seus projectos de governação "America First". Além disso, Trump anunciou planos para abolir a política climática que promove principalmente o desenvolvimento das energias renováveis a nível nacional. Entretanto, foram também assinadas várias ordens administrativas polémicas. Após a eleição, Trump nomeou Rex Tillerson, o antigo presidente da Exxon Mobil, como Secretário de Estado, e Scott Pruitt, um cético do clima que sempre foi anti-ambiental, como Secretário da Agência de Proteção do Ambiente. Isto significa uma grande viragem nas políticas energéticas e climáticas dos EUA. Para além da principal política energética apresentada por Trump, os possíveis impactos são também abordados neste documento.

2. As principais questões da política energética de Trump

Trump considera que o programa de controlo da produção de petróleo bruto e das refinarias proposto pela candidata presidencial Hillary Clinton e o plano de redução das emissões de carbono do antigo Presidente Barack Obama para 2050 causarão elevados encargos aos Estados Unidos e que os impactos se prolongarão por 30 anos. Entretanto, o Plano de Energia Limpa provoca preços elevados da eletricidade e não tem qualquer efeito prático sobre as alterações climáticas. Além disso, Trump acredita que a expansão do sector energético reduzirá a dependência das importações de energia. Trump defende que, se os controlos fossem totalmente eliminados do sector da energia, este teria mais oportunidades de desenvolvimento. No dia em que tomou posse, Trump prometeu levantar as restrições ao desenvolvimento das indústrias de carvão, petróleo de xisto e gás existentes nos EUA, na esperança de impulsionar o sector da energia e criar mais empregos para os americanos [3]. No futuro, Trump continuará a flexibilizar muitas restrições relevantes ao desenvolvimento da indústria do petróleo bruto.

Trump apoia a indústria petroquímica, mas não fala muito da energia solar, da energia eólica e de outras energias renováveis. No Plano de Energia "America First", Trump não mencionou as energias renováveis, mas salientou que os subsídios governamentais não podem centrar-se apenas nas energias renováveis. Durante a campanha de 2016, Trump criticou: "As energias renováveis são demasiado caras, a energia solar está a funcionar mal e as turbinas eólicas prejudicam as aves [4, 5]". Basicamente, se Trump apoiasse os combustíveis fósseis e negasse as alterações climáticas, os EUA reduziriam a utilização e a subvenção das energias renováveis no futuro [6]. As principais políticas energéticas dos Estados Unidos e de Trump são interpretadas da seguinte forma.

(A) Desenvolver ativamente o petróleo e o gás de xisto e levantar a proibição da exploração petrolífera offshore

Durante a campanha, Trump propôs o plano "America First Energy Plan", na esperança de levar os EUA a maximizar a utilização dos recursos. Trump prometeu aliviar a dependência energética da Organização dos Países Exportadores de Petróleo (OPEP). Trump também criticou a Arábia Saudita, tendo mesmo afirmado que os EUA deixariam de comprar petróleo bruto à Arábia Saudita e a outros países árabes. Ao mesmo tempo, Trump disse que os EUA iriam desenvolver ativamente a cooperação energética com os aliados do Golfo. Trump, muito claro no apoio à indústria americana de petróleo de xisto, sublinhou que a tecnologia segura de fracturação hidráulica deve ser aplicada na extração de petróleo e gás e nas terras federais apropriadas para produzir energia [7]. Trump afirmou que os Estados Unidos estão localizados num tesouro energético inexplorado (ver Fig. 1). Nas terras federais, as reservas de petróleo e gás de xisto de alto valor são abundantes e as minas de carvão estão disponíveis durante centenas de anos. Trump também planeia cancelar o controlo da produção energética dos EUA, de modo a que a riqueza possa fluir para a sociedade norte-americana.

Em 2016, a administração Obama, com base em razões ambientais, ordenou a proibição de actividades de perfuração em partes dos mares Ártico e Atlântico. No entanto, durante a campanha, Trump defendeu o desenvolvimento de petróleo offshore nas águas árcticas do Alasca. Em 28 de abril de 2017, Trump assinou uma ordem administrativa para abrir os mares dos EUA à exploração petrolífera, o que põe termo à anterior proibição de Obama de os Estados Unidos explorarem petróleo e gás natural nas águas do Ártico e do Oceano Atlântico, entre outros.

(B) Reavivar o projeto do oleoduto Keystone XL

Nos últimos anos, o oleoduto Keystone XL tornou-se um tema simbólico em relação à segurança energética e às alterações climáticas dos EUA [8]. No segundo dia da sua tomada de posse, Trump assinou imediatamente uma ordem administrativa para relançar o projeto do oleoduto Keystone XL proposto pela empresa canadiana de oleodutos (TransCanada) [9]. O oleoduto Keystone XL está planeado para se estender do Canadá diretamente para as refinarias no México. Através do oleoduto, são transportados diariamente 830 000 barris de petróleo bruto. No mesmo dia, Trump também assinou o programa do oleoduto Dakota Access. Trump defendeu que o oleoduto construído nos Estados Unidos também deveria ser feito de aço americano, uma vez que os Estados Unidos importaram muitos oleodutos de outros países. No futuro, a produção de petróleo nos Estados Unidos irá aumentar. Para além da construção de mais oleodutos, Trump defendeu que também deve ser utilizado mais aço fabricado nos EUA. Isto significa criar mais oportunidades de emprego para os americanos.

O relançamento do projeto do oleoduto Keystone XL por Trump anulou completamente a rejeição do projeto Keystone XL pelo anterior Presidente dos EUA, Barack Obama, em 2015. Parte da razão da oposição de Obama baseou-se em considerações ambientais, nomeadamente o facto de a construção do gasoduto poder prejudicar o estatuto dos Estados Unidos como país líder em matéria de alterações climáticas.

(C)   O desenvolvimento das energias fósseis e o relançamento da indústria do carvão

No Plano de Energia América Primeiro, Trump referiu-se repetidamente à importância da autonomia energética, defendeu o desenvolvimento da indústria local de energia fóssil e esforçou-se por tornar os Estados Unidos num exportador líquido de energia. Trump era da opinião de que a indústria de energia fóssil dos Estados Unidos há muito que está sujeita a uma série de leis e regulamentos. Especialmente a indústria do carvão, sob a pressão de uma política restritiva a longo prazo, não consegue obter espaço para se desenvolver, levando à deterioração da indústria do carvão dos EUA. Trump prestou especial atenção à indústria de energia fóssil para promover a autossuficiência energética dos EUA. Além de desenvolver ativamente o petróleo e o gás de xisto, bem como revitalizar a indústria do carvão e a produção de energia nuclear, Trump também se comprometeu com o desenvolvimento da tecnologia do carvão limpo. Após a tomada de posse, Trump anunciou a abolição da disposição segundo a qual as empresas petrolíferas, de gás natural e mineiras devem publicar as despesas pagas ao governo estrangeiro local.

(D)   Retirada do Acordo de Paris e racionalização das emissões de carbono

Para além do desenvolvimento da energia fóssil, a política energética de Trump é também a de ignorar as alterações climáticas. De acordo com o Acordo de Paris, as emissões de carbono dos EUA têm de ser reduzidas entre 26 e 28% até 2025. No entanto, Trump é de opinião que, no Acordo, a China só pode reduzir as emissões de carbono até 2030, a Índia nem sequer tem um calendário de redução das emissões de carbono e, sobretudo, os países em desenvolvimento podem negligenciar os regulamentos relativos às emissões de carbono para fabricar produtos com custos de produção mais baixos e obter vantagens comerciais internacionais, o que resulta na redução da competitividade das empresas e das oportunidades de emprego nos EUA, o que é muito injusto para os americanos.

Trump questionou a natureza científica das alterações climáticas e foi de opinião que as alterações climáticas são um embuste fabricado pela China; o objetivo é enfraquecer a competitividade da indústria transformadora dos EUA. Durante as eleições presidenciais americanas de 2016, Trump afirmou várias vezes que as alterações climáticas eram apenas um fenómeno natural e que, para aqueles que defendiam o aquecimento da Terra, o objetivo era simplesmente persuadir o governo a consagrar mais recursos à investigação e ao desenvolvimento de energias limpas.

Durante o período eleitoral de 2016, Trump declarou a retirada do Acordo de Paris com o objetivo de ajudar as indústrias petrolífera e carbonífera dos EUA. Pouco depois da tomada de posse de Trump, o sítio Web da Casa Branca emitiu uma declaração em que Trump prometia eliminar o Plano de Ação Climática[1] e outras políticas desfavoráveis e desnecessárias. No início de junho (2017), Trump anunciou oficialmente a retirada dos EUA do Acordo de Paris, aprovado na 21.ª Conferência das Partes (COP 21) realizada no âmbito da Convenção-Quadro das Nações Unidas sobre Alterações Climáticas (CQNUAC) no final de 2016. Entretanto, Trump afirmou que cessaria o cumprimento de todos os compromissos não vinculativos do Acordo, com o objetivo de renegociar um novo acordo que não prejudicasse a economia e o trabalho dos EUA.

A expansão da política de infra-estruturas de Trump proporcionará uma conduta ativa para promover a produção de petróleo e gás de xisto nos EUA, e o anúncio da retirada do Acordo de Paris racionalizará o aumento das emissões de carbono nos EUA. Trump afirmou que o Acordo de Paris

---

[1] O Plano de Ação para o Clima foi iniciado pelo antigo Presidente Barack Obama.

levaria os Estados Unidos à pobreza e resultaria na perda de um produto interno bruto (PIB) de 3 triliões de dólares americanos e de 6,5 milhões de empregos. Uma vez que os próprios Estados Unidos dispõem de uma abundância de reservas de petróleo e gás, não há necessidade de desenvolver energias limpas, uma vez que isso levaria os EUA a aumentar a dependência do petróleo importado e, por vezes, a envolver-se em disputas geopolíticas no estrangeiro. Assim, em relação à promessa da anterior administração Obama de afetar 3 mil milhões de dólares ao Fundo Verde para o Clima[2] (foram investidos mil milhões de dólares), Trump afirmou que os Estados Unidos não assumiriam qualquer compromisso financeiro nem implementariam qualquer medida relativa à redução das emissões em território americano

[10].

(E) Cobrar o imposto de ajustamento das fronteiras

O Border Adjustment Tax[3] é um plano de reforma fiscal das empresas proposto pelo Partido Republicano da Câmara dos Representantes dos EUA no ano passado (2016). Trump planeia impor direitos de importação ao México para financiar a construção do muro fronteiriço entre os Estados Unidos e o México, pelo que este plano de reforma fiscal que vai à boleia do "America First" atraiu as atenções. O efeito da cobrança de um imposto de ajustamento fronteiriço seria um imposto de 20% para todos os produtos energéticos importados e um subsídio de 20% para as exportações, o que reduziria o défice comercial e aumentaria a competitividade das exportações dos produtores nacionais dos EUA. Ou seja, os grandes exportadores podem ser significativamente beneficiados e as empresas simples de venda no mercado interno também serão beneficiadas pelas reduções fiscais, mas a indústria que vende produtos importados ou depende de peças importadas pode ser afetada.

(F) Planeamento da venda da Reserva Estratégica de Petróleo (SPR)

A escala do SPR dos Estados Unidos é a primeira do mundo. O atual SPR dos EUA é de cerca de 688 milhões de barris, o que equivale à procura mundial de petróleo durante uma semana. A fim de equilibrar o orçamento governamental para a próxima década, em 23 de maio de 2017, a Casa Branca anunciou uma proposta de orçamento para vender o SPR a partir de 1 de outubro de 2018, prevendo-se que gere receitas de 500 milhões de dólares americanos em 2018. A venda da SPR aumentará de ano para ano, aproximando-se do nível mais elevado de quase 3,9 mil milhões de dólares americanos em 2027. Em 2018-2027, as vendas atingirão cerca de 16,6 mil milhões de dólares americanos no total.

3. Os impactos da política energética de Trump podem causar

Trump propôs muitas políticas relacionadas com a energia, tais como: incentivar o desenvolvimento do petróleo e do gás de xisto, reiniciar a exploração offshore de petróleo e gás, aumentar as importações de petróleo do Canadá, relançar a indústria do carvão e a produção de energia nuclear, sair do Acordo de Paris e outras, que conduzirão os Estados Unidos à autonomia energética, afectarão a situação energética global e imporão um certo grau de impacto no mundo, que

---

[2] Em 2009, os países realizaram a 15.ª sessão da Convenção-Quadro das Nações Unidas sobre Alterações Climáticas (COP 15) em Copenhaga, na Dinamarca, e decidiram criar o Fundo Verde para o Clima. Os signatários vão investir 100 mil milhões de dólares por ano até 2020 para ajudar os países em desenvolvimento a mudar para as energias limpas e reforçar as medidas de precaução para atenuar o impacto das alterações climáticas.

[3] O chamado "imposto de ajustamento fronteiriço" não é um imposto autónomo sobre os bens importados na fronteira, mas um dos impostos das empresas americanas. Para eliminar os incentivos fiscais à saída das empresas norte-americanas e para incentivar as empresas norte-americanas a voltarem a produzir nos Estados Unidos, os representantes republicanos propuseram reduzir o imposto sobre o rendimento das sociedades de 35% para 20% em grande escala; além disso, durante a cobrança anual do imposto sobre o rendimento das sociedades, as mercadorias importadas devem ser tributadas e as mercadorias exportadas estão isentas de impostos.

são interpretadas da seguinte forma

**(A)Enquanto os EUA aumentam a exploração de petróleo e gás, a OPEP perde gradualmente
o domínio do mercado mundial de petróleo bruto**

No início de maio de 2017, o Secretário de Estado dos EUA, Rex Tillerson, declarou que os
Estados Unidos deixariam de impor a sua própria ideologia a outros países e que, no futuro, as
prioridades dos EUA serão a prossecução da segurança e dos interesses económicos dos EUA, em
vez dos direitos humanos e da democracia noutros países. Espera-se que o aumento da procura interna
por Trump acelere o crescimento do consumo de produtos petrolíferos nos EUA. Graças ao aumento
da matéria-prima do lado da produção, a procura de refinarias de petróleo bruto é alargada. Enquanto
as reservas comerciais de petróleo bruto dos EUA diminuem gradualmente, os preços internacionais
do petróleo bruto aumentam.

De acordo com as estatísticas da Administração de Informação sobre Energia (EIA) do
Departamento de Energia dos EUA (DOE), a produção de petróleo de xisto dos EUA começou a
diminuir em abril de 2015, resultando que a produção média diária de petróleo bruto nos Estados
Unidos desceu para 8,78 milhões de barris/dia em dezembro de 2016, em comparação com o pico de
produção de 9,63 milhões de barris/dia em abril de 2015, houve uma redução de 850.000 barris/dia.
No entanto, desde que Trump anunciou o "relaxamento das restrições de exploração de petróleo de
xisto dos EUA" como uma de suas políticas energéticas, a produção de petróleo de xisto dos Estados
Unidos subiu do fundo, de modo que a produção total de petróleo bruto dos EUA continuou a crescer.
De acordo com as estatísticas de julho de 2017, a produção de petróleo bruto dos EUA estava a
aproximar-se do máximo histórico desde abril de 2015. Entretanto, o valor máximo do óleo de xisto,
que representa cerca de 58% da produção total de petróleo bruto, também estabeleceu um recorde.
Além disso, no Relatório de Produtividade de Perfuração (DPR) publicado em 14 de agosto de 2017,
a EIA estimou que a produção diária total de 7 peças de xisto dos EUA em setembro seria maior que
agosto. Por outras palavras, a produção total de petróleo de xisto foi de 614,9 milhões de barris/dia
em setembro, com um aumento de produção de 11,7 milhões de barris/dia ou uma taxa de aumento
de 1,94%, em comparação com agosto. A produção de petróleo de xisto nos EUA aumentou nove
meses seguidos e continua a bater o recorde histórico desde 2007 [11].

Na tecnologia mineira para a exploração do petróleo e do gás de xisto, para além do método de
fracturação hidráulica[4] , surgiu recentemente uma nova tecnologia de extração de petróleo - Enhanced
Oil Recovery (EOR)[5] com o nome científico de S-BTF (Baric-Thermal Flow). Graças à combinação
da investigação e desenvolvimento da indústria petrolífera norte-americana e das novas tecnologias
de extração, a produção de petróleo de xisto é impulsionada com êxito, enquanto os custos de
exploração são significativamente reduzidos. Prevê-se que a expansão da capacidade de produção de
óleo de xisto nos EUA continue. Com base no aumento contínuo da produção de petróleo e gás de
xisto, as empresas de petróleo de xisto dos EUA desenvolvem ativamente os mercados asiáticos. O
volume de petróleo bruto exportado dos Estados Unidos para a China e o Japão registou um aumento
notável. Em caso de equilíbrio entre a oferta e a procura, uma vez que os preços internacionais do
petróleo bruto são difíceis de recuperar num curto espaço de tempo, os Estados Unidos converter-se-
ão substancialmente num exportador líquido de petróleo bruto, enquanto a OPEP e outros países
produtores de petróleo perderão gradualmente as suas posições dominantes no mercado mundial de

---

[4] O método de fracturação hidráulica consiste em injetar água misturada com areia e produtos químicos no subsolo
profundo, fracturando a composição da rocha para extrair petróleo e gás.

[5] O S-BTF é uma combinação do S-WEPT e do S-BRPT. O S-WEPT utiliza os comprimentos de onda das ondas de
impulso para refletir a localização e a geologia dos poços para obter o óleo de xisto dificilmente explorado para
maximizar a produção de petróleo. O S-BRPT é um método adequado para a exploração de petróleo bruto em terrenos
especiais.

petróleo bruto.

(B) O relançamento do projeto do gasoduto irá aprofundar as relações entre os EUA e o Canadá

O relançamento do projeto do oleoduto Keystone XL pode reforçar ainda mais a interdependência energética entre os Estados Unidos e o Canadá. Não só a expansão do petróleo bruto importado do Canadá pode fazer com que o petróleo canadiano seja mais facilmente vendido às refinarias dos EUA ou exportado para países estrangeiros, como também o petróleo bruto pode ser transportado por oleoduto de forma rentável, em vez de ser transportado por caminho de ferro. Trump é de opinião que, quando os Estados Unidos começarem a construir oleodutos, o aço fabricado nos Estados Unidos deverá também ser utilizado, o que aumentará a procura interna de aço e criará mais emprego. Depois de concluída a construção do oleoduto Keystone XL, com 1.900 km de comprimento, este entregará petróleo do Canadá às refinarias do Texas, desempenhando um papel encorajador para a indústria canadiana de areias petrolíferas. Ao mesmo tempo, o projeto criará 4 500 oportunidades de emprego, o que aprofundará as relações entre os Estados Unidos e o Canadá [12,13]. Ver Fig. 1.

Fig. 1 Proposta de oleoduto Keystone XL
Fonte: TransCanada Pipeline Ltd.

(C) A eficácia da reativação da indústria do carvão pode não ser tão boa como se esperava e pode ser contraproducente

Trump atribuiu o longo declínio da indústria do carvão às numerosas restrições regulamentares, prometendo reavivar a indústria do carvão dos EUA, há muito deteriorada. Barry Worthington, diretor executivo da Associação da Energia dos EUA em Washington, afirmou numa declaração sobre a política energética de Trump: "A política energética do Presidente Trump

garante e expande o fornecimento de energia dos EUA e também consolida os EUA como um grande país no fornecimento de energia do mundo, o que merece o nosso aplauso". Mas os grupos ambientalistas criticaram, dizendo que "Trump presta demasiada atenção ao desenvolvimento económico e ignora a estratégia energética de proteção ambiental, o que não só é míope como também tem graves efeitos adversos no ambiente".

Basicamente, a recessão do carvão nos EUA deve-se a muitos factores, e as restrições regulamentares são apenas uma parte deles. Os preços das energias renováveis e a revolução do gás de xisto fazem com que a produção de eletricidade a partir do carvão deixe de ser competitiva, o que é também a principal razão para o declínio da indústria do carvão nos EUA nos últimos 30 anos. Teme-se que a simples redução ou abolição das restrições às emissões de carbono por parte de Trump seja incapaz de salvar a indústria do carvão. Pelo contrário, devido à promoção ativa do petróleo e do gás de xisto, o processo de substituição do carvão será ainda mais acelerado. Hausk, investigador do World Resources Institute (WRI), salientou que a recuperação da indústria do carvão não se verificaria mesmo que os EUA se retirassem do Acordo de Paris.

(D)A retirada do Acordo de Paris pode levar os EUA a perder o papel de liderança no mundo

O Acordo de Paris, um acordo de governação global sobre o clima alcançado através de uma longa série de negociações difíceis, é também um consenso histórico constituído por mais de 200 países pela primeira vez. No entanto, Trump anunciou a retirada e pediu a renegociação. No final de junho (2017), num discurso no Departamento de Energia dos EUA, Trump confirmou a sua decisão, tomada no início de junho, de se retirar do Acordo de Paris. Nessa altura, Trump também elogiou a revogação, pela EPA, da Regra da Água Limpa proposta pelo antigo Presidente Barack Obama. Olhando para o futuro, os Estados Unidos vão enveredar por caminhos diferentes com outros países nas questões das alterações climáticas que estão relacionadas com a sobrevivência da humanidade. Para além das manifestações de massas e das condenações internacionais às decisões de Trump, alguns países reduzem também a sua vontade de reduzir as emissões de carbono, devido ao efeito da "Teoria da Janela Quebrada"[6] .

Em conformidade com o artigo 28.º do Acordo de Paris, qualquer signatário que pretenda retirar-se do Acordo deve apresentar a proposta três anos após a entrada em vigor do Acordo; posteriormente, durante mais um ano, o pedido será efetivo. Assim, o prazo para os Estados Unidos concluírem o processo de saída do Acordo de Paris não será antes de novembro de 2020. Inferencialmente, o principal objetivo da declaração de Trump de retirar o Acordo de Paris na fase atual é destacar a legitimidade do acordo para racionalizar as suas próprias políticas. Uma vez que a Contribuição Nacionalmente Determinada Pretendida (INDC) do Acordo de Paris não é juridicamente vinculativa para os signatários, Trump poderá impor negativamente as obrigações assumidas na INDC. Embora a INDC não seja vinculativa, outros países podem ainda assim aplicar sanções unilaterais a quem não cumprir os compromissos; por exemplo, a França ameaçou impor impostos sobre o carbono aos produtos americanos.

Para os EUA, a retirada do Acordo de Paris deverá fazer aumentar a procura interna de combustíveis fósseis. No futuro, se os Estados Unidos fizerem uma redução substancial do investimento em energias limpas, os combustíveis fósseis dominarão o mercado da energia. Do ponto de vista da indústria das energias renováveis, a redução dos fundos pode levar a indústria das energias renováveis a enfrentar o dilema da escassez de fundos; mas um pequeno número de boas indústrias físicas pode ter a oportunidade de vir à tona e adquirir a iniciativa do mercado das energias

---

[6] A teoria das janelas quebradas é uma teoria da criminologia. Esta teoria defende que os fenómenos negativos no ambiente, se existirem, induzirão as pessoas a segui-los, ou mesmo a intensificá-los. Tomemos como exemplo uma janela partida. Se a janela partida não for reparada, pode causar mais danos noutras janelas. Eventualmente, mesmo que alguém invada o edifício sem o encontrar e o descubra habitado, as pessoas podem residir ou atear fogo. Outro exemplo é o facto de haver um pedaço de lixo no passeio e, em breve, haver mais lixo e, em última análise, as pessoas deitarão naturalmente mais lixo para o chão. Estes fenómenos constituem o chamado "Efeito da Janela Quebrada" em psicologia criminal.

renováveis. A KPMG acredita que a retirada dos Estados Unidos do Acordo de Paris pode levar os Estados Unidos a perderem o papel de liderança no mundo; considerando que as alterações climáticas são uma falsa questão, o acompanhamento de Trump sobre o que trocar com os países é o foco que deve continuar a ser observado.

(E) A cobrança do imposto de ajustamento fronteiriço aumentará a diferença de preços do petróleo bruto entre o WTI e o Brent

Embora o imposto de ajustamento das fronteiras possa aumentar as receitas fiscais, é ainda possível que tenha um impacto direto no consumidor e nas empresas dos EUA. Além disso, as pessoas estão preocupadas com o facto de este imposto poder provocar uma catástrofe na economia mundial e até mesmo causar uma "carnificina comercial global". O plano de Trump de impor um imposto de ajustamento fronteiriço de 20% sobre os bens importados pode ser descrito como "Qualquer coisa é um duplo efeito". Embora o principal objetivo do imposto de ajustamento fronteiriço seja suprimir as importações e atrair a indústria transformadora de volta aos Estados Unidos, também é possível aumentar o preço dos bens importados, incluindo o preço do petróleo bruto, por exemplo. A Goldman Sachs argumenta que, se Trump cumprisse a sua promessa de aplicar o imposto de ajustamento das fronteiras aos bens importados, o preço do petróleo bruto produzido nos Estados Unidos também aumentaria, pelo que o preço do petróleo bruto WTI custaria cerca de 15 dólares por barril a mais do que o Brent.

(F) A venda da reserva estratégica de petróleo (SPR) tem um impacto limitado no mercado petrolífero

Para um orçamento equilibrado, os Estados Unidos propõem um plano de venda de 270 milhões de barris de SPR em 10 anos, a partir de outubro de 2018. Mais especificamente, os EUA tencionam reduzir as existências comerciais de petróleo bruto da Organização para a Cooperação e Desenvolvimento Económico (OCDE) de 3,025 mil milhões de barris para a média de 5 anos (2,85 mil milhões de barris). Teoricamente, esta medida prejudicará a OPEP e outros países produtores de petróleo, como a Rússia, resultando no prolongamento do acordo de produção de petróleo e na estagnação dos preços do petróleo. Além disso, aumentará a oferta de petróleo em cerca de 74 mil barris por dia nos próximos 10 anos, representando apenas 0,075% da atual produção mundial de petróleo bruto (ou seja, 98,5 milhões de barris/dia). Por conseguinte, prevê-se que o impacto no mercado petrolífero seja limitado.

4. Conclusões e implicações políticas

Durante a campanha, Trump fez alguns discursos impressionantes nas áreas dos assuntos internos e externos, do comércio internacional e da cooperação económica [14]. O grau de discussão global sobre Trump é muito superior ao de qualquer presidente americano da atualidade. Como um novato político, o discurso eleitoral de Trump e a implementação de políticas, juntamente com as consequências subsequentes, podem ser caracterizados como "criando perigos com disputas intermináveis para os seres universais".

Em suma, as medidas agressivas de exploração energética doméstica propostas por Trump são: em primeiro lugar, abolir as normas de proteção ambiental e as restrições ao desenvolvimento energético formuladas na anterior era Obama; em segundo lugar, explorar ativamente os recursos de petróleo e gás de xisto, abrindo as terras federais e as áreas offshore; e, em terceiro lugar, revitalizar a indústria do carvão. Obviamente, os objectivos da política energética de Trump são: assegurar a independência energética dos Estados Unidos, reiniciar as indústrias locais e criar oportunidades de emprego, de modo a que a riqueza possa ficar nos Estados Unidos [15]. Especialmente, em linha com a prioridade dos EUA, Trump também se concentra em questões como a retirada do Acordo de Paris; a ignorância das questões de resposta ao aquecimento global; deixar de desenvolver energia verde limpa e tecnologia de aplicação.

Sendo o país mais forte do mundo, a nova política energética dos Estados Unidos terá, sem dúvida, um grande impacto na estrutura e no mercado mundial da energia. As consequências de muitas mudanças na política energética dos Estados Unidos merecem a nossa observação permanente.

Referências

[1] A política energética de Trump: 10 grandes mudanças,
      http://www.forbes.com/sites/jamestaylor/2016/12/26/trumps-energypolicy-10-big-changes#e85 df8718aae
[2] Estas são as corridas a que deve assistir quem se preocupa com o aquecimento global,
      http://www.motherjones.com/environment/2016/ll/climate-election-results-guide/#
[3] Obama acrescenta regulamentos anti-carvão de última hora antes da tomada de posse de Trump,
      http://dailycaller.com/2016/12/19/obama-adds-last-minute-anti-coal-regs-before-trump-takes-of flee/
[4] AS TURBINAS EÓLICAS DOS EUA MATAM 1,4 MILHÕES DE AVES E MORCEGOS TODOS OS ANOS,
      https://www.heartland.org/news-opinion/news/us-wind-turbines-kill-14-million-birds-and-bats- todos os anos
[5] A nova regra da administração permitiria a morte de milhares de águias em parques eólicos,
      http://www.foxnews.com/politics/2016/05/04/new-administration-rule-would-permit-thousands   -eagle-deaths-at-wind-farms.html
[6] James Taylor, Economic and environmental costs of carbon dioxide restrictions (Custos económicos e ambientais das restrições ao dióxido de carbono),
      https ://www.texaspolicy. com/library/doclib/Panel-IV-J-Taylor.pdf
[7] Os arrendamentos de petróleo e gás em terras federais diminuíram 17% durante o governo Obama,
      https ://www. cnsnews. com/news/article/j oe-setyon/leases-oil-gas-federal-lands-down-17 -under-obama
[8] Trump dá luz verde aos oleodutos Keystone XL e Dakota Access, http://www.cbc.ca/news/business/trump-keystone-dakota-access-pipelines-l.3949629 > 2017/01/24 °
[9] A primeira-ministra de Alberta, Rachel Notley, aplaude a aprovação da Keystone XL por Trump,
      http://www.cbc.ca/news/canada/edmonton/alberta-premier-rachel-notley-applauds-trump-s-key stone-xl-approval-1.3950036
[10] Análise de espetro total desafia a energia "verde", http://sparkoffreedomfoundation.org/2016/09/14/full-spectrum-analysis-challenges-green-energ y/
[11] Drilling Productivity Report, EIA, DOE, agosto de 2017.
[12] Trudeau congratula-se com a decisão de Trump sobre o projeto Keystone XL,
      http://www.cbc.ca/news/politics/trudeau-cabinet-keystone-xl-l.3949754
[13] Uma história cronológica do controverso projeto do oleoduto Keystone XL,
      http://www.cbc.ca/news/politics/keystone-xl-pipeline-timeline-l.3950156
[14] Trump poderá afetar os mercados e as perspectivas económicas em 2017,
      http://www.cbc.ca/news/business/markets-economy-2017-lookahead-l .3916631
[15] Donald Trump acabou de criar 8.000 postos de trabalho?
      http://www.cbc.ca/news/business/donald-trump-jobs-claim-l.3915798

CAPÍTULO 2

O aprovisionamento de petróleo tem uma relação crucial com a segurança energética nacional

Taiwan carece de recursos energéticos autóctones tradicionais e importa todos os anos mais de 97% da procura de energia dos países politicamente instáveis do Médio Oriente ou da América do Sul. Além disso, tendo em conta o modelo económico de Taiwan, que se caracteriza por relações industriais intensivas em energia, a forma de aplicar os princípios orientadores mais elevados da política de segurança energética é uma questão importante em termos do aprovisionamento energético de Taiwan. Uma vez que está intimamente relacionada com o desenvolvimento económico e a estabilidade social, a política energética em termos de segurança do aprovisionamento é especialmente focada pelos países do mundo que atualmente não adoptam mais do que as medidas relevantes, tais como a distribuição das importações, a diversificação do aprovisionamento e a segurança total das reservas. A chamada "não colocar todos os ovos no mesmo cesto" significa que as importações de energia não se concentram numa determinada região ou país, a fim de alcançar o objetivo político descentralizado; em segundo lugar, a diversificação do aprovisionamento beneficia não só de evitar um colapso energético provocado por uma catástrofe externa, mas também de evitar atempadamente os preços elevados da energia; por outras palavras, estabelecer a combinação de aprovisionamento energético mais económica pode facilitar o desenvolvimento dos meios de subsistência de um país. Por último, o stock adequadamente seguro é definido por um certo número de mecanismos de armazenamento de energia em resposta a acidentes graves internacionais ou nacionais causados pela paralisação do fornecimento de energia, a fim de assegurar a gestão sustentável da economia nacional.

Palavras-chave: Segurança energética; Política; Petróleo.

1. Introdução

A definição de "segurança energética" refere-se geralmente ao aprovisionamento de energia a um preço razoável e de uma forma fiável e adequada [1]. Neste caso, um aprovisionamento fiável e adequado significa um aprovisionamento ininterrupto que satisfaça as necessidades da economia mundial. A definição de um preço razoável pode ser obscurecida pela evolução do tempo e a sua interpretação varia consoante a identidade dos produtores e utilizadores de energia. No entanto, em geral, os preços da energia são determinados pelos custos de produção e pelos mercados da oferta e da procura [2],

Quando a oferta e a procura no mercado estão desequilibradas, os preços da energia alteram-se. A segurança energética é "dois lados de um" dos mercados da oferta e da procura [3]. Quando a oferta é maior do que a procura, o preço de mercado, naturalmente, desce, pelo que os utilizadores de energia têm uma sensação de segurança, mas os produtores têm uma sensação de crise, e vice-versa. Neste caso, centramo-nos na necessidade de importação de energia dos países, e não nos países produtores ou exportadores de energia, uma vez que a segurança energética do público em geral é apenas a segurança energética nacional reduzida [4]. A nível económico, quando ocorre uma crise energética, refere-se geralmente ao aumento anormal dos preços no mercado internacional da energia, de modo que a economia de subsistência das populações dos países importadores de energia será atingida, ou mesmo o funcionamento normal do país será abalado.

Além disso, os períodos de ocorrência da crise energética podem ser classificados em curto e longo prazo. Uma crise energética a curto prazo inclui as catástrofes naturais, as condições meteorológicas anormais e outros factores. A crise energética a longo prazo resulta do facto de a oferta de energia não acompanhar o rápido aumento da procura de energia, por razões económicas, financeiras ou políticas. Nos últimos anos, a situação da oferta e da procura de energia deve pertencer a esta última, especialmente em muitas economias emergentes, como a China, a Índia, a Rússia, o Brasil e a Coreia do Sul, que emergiram rapidamente, fazendo com que a escassez temporária de energia e de recursos a nível mundial seja insuficiente, pelo que os preços dos recursos energéticos são sempre elevados [5, 6].

As actuais questões de segurança energética continuam a ser dominadas pelas questões de segurança do petróleo [7]. Porque, de acordo com as últimas estatísticas da BP, até agora, o petróleo continua a ser a utilização mais importante dos projectos energéticos. Em segundo lugar, o comércio de petróleo é a maior transação de energia do mundo, representando dois terços, com referência à Fig. 1 e ao Quadro 1. Em terceiro lugar, em comparação com o carvão e o gás natural, as reservas de petróleo são menores e estão distribuídas de forma desigual. Mais importante ainda, a procura de petróleo está concentrada num pequeno número de países industrializados, mas a produção de petróleo está concentrada num pequeno número de países em desenvolvimento. Em comparação com a maioria dos outros produtos de base, o mercado internacional do petróleo é mais facilmente manipulado. De facto, a Organização dos Países Exportadores de Petróleo (OPEP) detém uma participação substancial no mercado mundial do petróleo, com uma vantagem absoluta de 41,4% da produção mundial e 71,4% das reservas [8, 9]. O presente documento centra-se, por conseguinte, nas questões de segurança do petróleo.

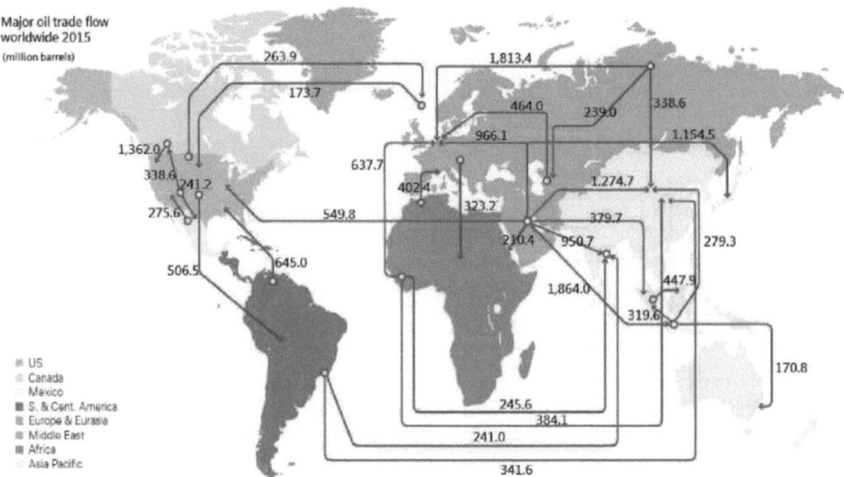

Fig. 1 Principais fluxos mundiais do comércio de petróleo em 2015 (unidade: milhões de barris)

Quadro 1 Principais trocas comerciais de petróleo em 2015 (unidade: milhares de barris diários)

	Crude imports	Crude exports	Product imports	Product exports
US	7,351	491	2,050	4,145
Canada	657	3,200	613	627
Mexico	-	1,201	774	171
S. & Cent. America	404	3,462	1,908	605
Europe	9,801	204	3,847	2,701
Russia	57	5,115	41	3,139
Other CIS	465	1,626	269	249
Middle East	158	17,665	776	2,954
North Africa	162	1,235	683	397
West Africa	9	4,327	588	130
East & S. Africa	134	170	467	32
Australasia	491	184	540	63
China	6,743	57	1,453	767
India	3,919	3	488	1,150
Japan	3,370	6	976	363
Singapore	918	1	2,628	1,855
Other Asia Pacific	5,067	759	3,415	2,166
Total World	**39,707**	**39,707**	**21,516**	**21,516**

Fonte de dados: BP Statistical Review of World Energy, junho de 2016.

2. A evolução do mercado mundial do petróleo

Em termos de comportamento das empresas e dos consumidores a nível mundial, o petróleo é o produto de base mais importante. Além disso, o petróleo continua a ser o principal produto de base energético na maioria das regiões, com uma proporção de cerca de 36% da procura total de energia a nível mundial, contra 50% na década de 1970. A exceção é a antiga União Soviética, onde o gás natural é a principal fonte de energia, e a região da Ásia-Pacífico, onde o carvão é o principal combustível. O consumo global total de energia primária em 2015 é de 13,15 mil milhões de toneladas métricas de equivalente de petróleo (tep), das quais o petróleo representa 4,33 mil milhões de toneladas métricas de equivalente de petróleo. Para compreender melhor a natureza mutável da questão da segurança do petróleo, é necessário compreender a evolução do mercado do petróleo nas últimas décadas. Basicamente, a história do mercado mundial do petróleo moderno pode ser dividida nos cinco períodos seguintes.

2.1 Período 1960-73

O primeiro período foi de 1960 a 1973 (a primeira crise do petróleo), ou seja, o período de preços baixos e estáveis do petróleo [10]. O forte crescimento económico contribuiu para o aumento da procura de petróleo. A oferta de petróleo era dominada por um pequeno número de empresas multinacionais. O mundo não prestou muita atenção às questões de segurança do aprovisionamento de petróleo. Durante este período, a procura de petróleo e de produtos químicos aumentou de 20mb/dia para 60mb/dia. Entre eles, a procura da Organização para a Cooperação e o Desenvolvimento Económico (OCDE) representava dois terços [11]. Uma vez que a maioria dos países da OCDE não estava envolvida na produção de petróleo e a produção de petróleo da América do Norte estava estagnada na altura, a OCDE dependia fortemente das exportações de petróleo da OPEP no Médio Oriente. A Organização dos Países Exportadores de Petróleo (OPEP) foi criada em Bagdade, em setembro de 1960, e os seus membros eram: Irão, Iraque, Kuwait, Arábia Saudita e Venezuela. A OPEP foi criada com os seguintes objectivos: através do controlo do equilíbrio global entre a oferta e a procura de petróleo bruto, manter o preço do petróleo bruto num determinado intervalo. Quota de produção - proporção do limite máximo de produção através de um acordo agregado, ajustado em qualquer altura - atribuída aos Estados-Membros. Atualmente, com exceção dos cinco membros fundadores acima referidos, os Estados-Membros da OPEP incluem Qatar, Líbia, Argélia, Nigéria, Emirados Árabes Unidos, Indonésia, Gabão e Angola [12]. No final de 2015, a OPEP produzia cerca de 41,4% do petróleo bruto mundial e tinha reservas comprovadas de 71,4% do total mundial [13]. Atualmente, a OPEP tem sido capaz de dominar com êxito o mercado mundial do petróleo [14]. O principal mérito é atribuído à Arábia Saudita, que, por vezes, está mesmo disposta a sacrificar a sua própria produção e os seus lucros para desempenhar a função e o papel de ajustamento do preço do petróleo a nível mundial [15].

2.2 Período 1973-86

O impacto da segunda crise petrolífera de 1973-86 na economia mundial foi muito grande, não só pôs fim ao rápido crescimento económico inicial, mas também desencadeou um caos no mercado económico mundial e um ajustamento estrutural [16]. Este segundo período durou até meados da década de 1980; o mercado mundial do petróleo e as caraterísticas económicas e sociais foram as seguintes (1) a nacionalização da indústria petrolífera nos principais países produtores de petróleo do Médio Oriente; (2) a rápida subida dos preços do petróleo [17]; e, (3) a recessão que se seguiu. O desenvolvimento destes cenários não só aprofundou a preocupação com a segurança do petróleo, mas também levou ao esgotamento dos recursos naturais que podem ser a vigilância humana [18]. Em resposta a este dilema, os países desenvolvidos da OCDE criaram a Agência Internacional da Energia (AIE) em Paris, França, em novembro de 1974 [19]. Graças à sua própria produção de petróleo, ao desenvolvimento de fontes de energia alternativas e à melhoria da eficiência energética, os países membros da OCDE reduziram consideravelmente a dependência do petróleo importado [20]. Exemplos específicos incluem a adição de cadeias de abastecimento de combustível a partir dos novos campos petrolíferos do Alasca, a introdução da energia nuclear e do carvão para substituir a maior parte da produção de eletricidade a partir do petróleo e a introdução e estabelecimento de medidas ou mecanismos de poupança de energia [21]. Com este esforço, as importações líquidas de petróleo da OCDE diminuíram de um pico de 27mb/dia em meados da década de 1970 para 16mb/dia em meados da década de 1980. Além disso, a criação de existências de segurança, a contenção do lado da procura e outras medidas de emergência, fizeram com que os Estados-Membros da OCDE melhorassem a segurança do aprovisionamento [22].

2.3 Período 1986-2000

O colapso dos preços do petróleo em 1986 pôs termo aos primeiros dez anos de declínio da oferta e da procura de petróleo. Desde então, os preços do petróleo têm estado a oscilar na região dos preços baixos, a economia tem crescido de forma constante, o consumo de petróleo bruto da OCDE voltou a aumentar para 48mb/dia e as importações líquidas de petróleo ultrapassaram mesmo os níveis de 1973 [23]. Com a descoberta de novas fontes de petróleo, a abundância de aprovisionamentos e os graves desacordos no seio da OPEP, as preocupações com a segurança dos aprovisionamentos de petróleo foram-se dissipando gradualmente. Pelo contrário, quando confrontados com a descida dos preços do petróleo no mercado internacional e a fraca procura, os Estados-Membros da OPEP preocuparam-se antes com a segurança da procura de petróleo bruto [24]. Nessa altura, o sector da energia voltou a sua atenção para as alterações climáticas e outras questões ambientais [25].

Durante este período, o mercado petrolífero também sofreu uma mudança estrutural fundamental, tornando o impacto da segurança do petróleo mais global, mais transregional e mais intersectorial, pelo que vários produtores com refinarias de petróleo nacionais permitiram que os sectores a montante e a jusante aceitassem investimentos internacionais. Para tornar a oferta de mercado mais aberta e competitiva, os governos petrolíferos desregulamentaram a propriedade estatal, permitindo a entrada de empresas privadas, de tal modo que as transacções bilaterais, inicialmente simples, se tornaram relações mais complexas e multilaterais.

Os países desenvolvidos compreenderam que a natureza da economia no seu conjunto devia ser alterada. As suas formas industriais tinham sido sucessivamente alteradas, passando de uma indústria transformadora de elevada intensidade energética para serviços de elevado valor acrescentado. Além disso, através do progresso tecnológico, do aumento da capacidade, da liberalização económica, etc., o consumo de energia diminuiu e a eficiência energética melhorou [26]. Por último, a maior parte dos países (nomeadamente na Europa) tinha aumentado fortemente a taxa de imposto sobre os produtos petrolíferos, enquanto dois terços das receitas fiscais provinham dos produtos petrolíferos na Europa e metade na OCDE [27].

Desde 1986, o West Texas Intermediate (WTI), o Brent Blend (Reino Unido) e o Dubai Fateh (Dubai) tornaram-se os três principais indicadores dos preços mundiais do petróleo. O WTI é o indicador local dos Estados Unidos, enquanto o Brent é o principal indicador dos preços do petróleo fora dos Estados Unidos [28],

2.4 Período 2000-2007

Estas alterações no sistema económico mundial, para um certo grau de redução da procura de petróleo, podem ser discernidas por várias alterações digitais [29]. Em primeiro lugar, a parte dos países desenvolvidos no consumo de petróleo no cabaz energético diminuiu de 55% em 1980 para 40% atualmente, uma vez que o gás natural e o carvão se tornaram os combustíveis alternativos mais importantes no aquecimento doméstico, na indústria petroquímica e no sector da eletricidade. Em segundo lugar, a proporção das importações de petróleo na OCDE em 1981 era de 13%, mas apenas 4% atualmente. Por último, em termos de contribuição para o PIB, os países desenvolvidos necessitam atualmente apenas de metade do petróleo do início da década de 1970. No entanto, devido à emergência de países emergentes, como a China, a Índia, o Brasil e a Rússia, os chamados países BRIC, com um rápido crescimento económico, a procura de petróleo aumenta em vez de diminuir, especialmente em três grandes sectores de consumo de petróleo, nomeadamente a energia, os transportes e a petroquímica [30, 31].

Embora tanto o lado da oferta como o lado da procura na economia mundial quase não consigam manter o equilíbrio, a situação pode ser alterada ou agravada por múltiplos factores dos principais países produtores de petróleo, por exemplo, a guerra do Iraque, as armas nucleares do Irão, o nacionalismo da Venezuela e da Rússia e muitos outros [32]. Simultaneamente, a capacidade de produção dos países não membros da OPEP é limitada, por exemplo, os Estados Unidos, o México, o Mar do Norte e outros, devido à redução das reservas de petróleo [33]. Pelo contrário, as produções da Rússia e da Austrália registam novos máximos, o que significa que o futuro abastecimento de petróleo bruto continua nas mãos dos países da OPEP [34]. Embora as empresas comuns tenham planos para aumentar a produção, continuarão a limitar a produção para atingir objectivos de lucro mais elevados.

Com o desenvolvimento do mercado petrolífero e o aumento da transparência e da eficiência, o mecanismo para lidar com a crise energética é mais sólido. Por conseguinte, em comparação com a primeira e a segunda crise energética da década de 1970, as pessoas no século XXI estão mais tranquilas para enfrentar o advento dos preços elevados do petróleo. No entanto, estes preços elevados do petróleo e as elevadas pressões inflacionistas, para o crescimento económico global, não causam um impacto pequeno [35].

2.5 Período 2007-2016

O aparecimento do petróleo de xisto nos Estados Unidos não só cria uma revolução energética do novo século, como também abala o domínio mundial da energia pela OPEP. Para combater a ameaça de penetração do petróleo de xisto no mercado petrolífero mundial, a Arábia Saudita começou por lançar o plano de aumento da produção de petróleo, enquanto a Rússia se agarra à linha de fundo de não reduzir a produção de petróleo, com o levantamento da proibição de transporte de petróleo para o Irão, resultando no excesso de oferta no mercado petrolífero mundial, os preços internacionais do petróleo caíram continuamente de 107,9 dólares/barril, o pico histórico desde junho de 2014, acabando por parar nos 27,0 dólares/barril do preço mais baixo em janeiro de 2016 [36]. Os baixos preços do petróleo provocam a recessão financeira e económica internacional, sendo especialmente prejudiciais para o desenvolvimento económico mundial.

Para o efeito, a OPEP realizou frequentemente reuniões para reduzir a produção de petróleo, a fim de salvar a economia dos países produtores de petróleo e do mundo inteiro. Por exemplo, no final de novembro, em Viena, os Estados membros da OPEP decidiram, pela primeira vez desde 2008, reduzir a produção de petróleo. O acordo de redução da produção será de 1,2 milhões de barris/dia, devendo entrar em vigor no dia de Ano Novo de 2017, com o objetivo de redução total de 3 250 milhões de barris, e a revisão será efectuada após 6 meses. Estimulados por esta notícia, os preços internacionais do petróleo subiram para 50 dólares por barril ou mais. As principais indústrias e países planearam aumentar o preço-alvo dos preços internacionais do petróleo, e os 60 dólares por barril deverão regressar no próximo ano, segundo as previsões da UBS. Os preços históricos do petróleo são apresentados no Quadro 2 e na Fig. 2.

Quadro 2 Preços do petróleo bruto à vista nos últimos anos (Unidade: $/barril)

	Brent	Wet Texas Intermediat	Dubai	Nigerian Forcados
2010	79.5	79.45	78.06	81.05
2011	111.26	95.04	106.18	113.65
2012	111.67	94.13	109.08	114.21
2013	108.66	97.99	105.47	111.95
2014	98.95	93.26	97.07	101.35
2015	52.39	48.71	51.20	54.41

Fonte de dados: BP Statistical Review of World Energy, junho de 2016.

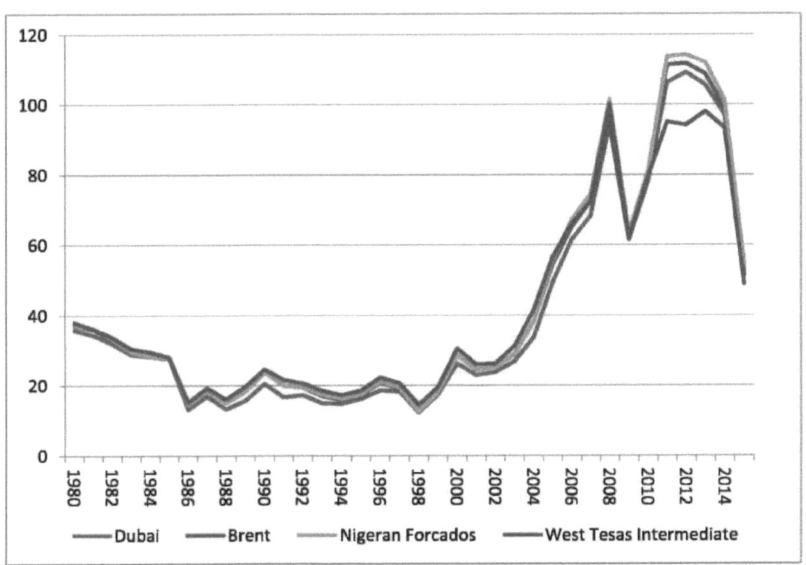

Fig. 2 Preços spot do crude nos últimos 35 anos (1980-2015) (Unidade: $/barril)

Fonte de dados: BP Statistical Review of World Energy, junho de 2016.

3. Panorama do mercado mundial

A maior parte do petróleo do mundo é utilizada como fonte de energia, sendo os principais sectores de consumo os transportes e a produção de eletricidade. No mix global de utilização de energia primária, o petróleo representa 32,9% do consumo global de energia primária, seguido pelo carvão (29,2%), gás natural (24,3%) e outras fontes de energia não fósseis, como as energias renováveis (9,6%) e a energia nuclear (4,4%). As utilizações não energéticas do petróleo incluem a produção de plástico, fibra sintética, borracha e outras matérias-primas, com um rácio de cerca de 10%.

O sector dos transportes representa 56% do consumo mundial de petróleo, 33% para a indústria, 7% para as famílias e 4% para as empresas [37]. Para além de os produtos petroquímicos serem exclusivos do sector dos transportes, as combinações de utilização de energia noutras partes dos vários países são muito diferentes.

Face à concorrência do gás natural e do carvão, a proporção de petróleo utilizada no sector da produção de eletricidade está a diminuir [38]. As centrais eléctricas alimentadas a gás são mais baratas de construir e mais respeitadoras do ambiente do que a maioria das centrais alimentadas a combustível, e a produção de eletricidade a carvão é mais barata nos países com maior produção de carvão (por exemplo, a China).

O petróleo domina 95% da demanda de energia no setor de transportes, mas com o aumento dos preços da gasolina e do diesel, incentivando o aumento dos biocombustíveis e do gás natural de alta pressão [39]. O etanol é um importante combustível para veículos no Brasil, e o governo dos EUA está a incentivar o etanol a tornar-se cada vez mais importante no sector dos transportes. Nos próximos 25 anos, o petróleo continuará a representar nada menos que 90% do consumo de energia no sector dos transportes. A AIE estima que, entre 1997 e 2030, o sector dos transportes será responsável por dois terços do crescimento do consumo de petróleo.

Quadro 3Consumo de petróleo nas principais regiões/países do mundo (Unidade: milhões de barris/dia)

	2011	2012	2013	2014	2015
North America	23.33	22.93	23.36	23.42	23.64
Europe & Eurasia	19.08	18.60	18.37	18.27	18.38
Asia Pacific	28.89	30.00	30.59	31.12	32.44
OECD	46.07	45.51	45.55	45.13	45.64
China	9.79	10.23	10.73	11.20	11.97
S. & C. America	6.62	6.78	7.03	7.19	7.08
Middle East	8.46	8.77	9.01	9.35	9.57
Africa	3.41	3.58	3.68	3.76	3.89
Commonwealth of Independent States	4.14	4.23	4.20	4.28	4.09
Europe Union	13.51	12.95	12.71	12.51	12.71
Non-OECD	43.72	45.14	46.50	47.98	49.36
Total World	89.79	90.66	92.05	93.11	95.01
Annual Variation (%)	1.16	1.00	1.53	1.15	2.04

Fonte de dados: BP Statistical Review of World Energy, junho de 2016.

Com a chegada do outono e do inverno no hemisfério norte, o consumo de petróleo aumentará gradualmente. Quando o frio se aproxima, a procura de aquecimento atinge o seu pico na América do Norte, Europa e Ásia, onde o consumo de petróleo também atinge o seu ponto mais alto. Este fenómeno é menos evidente na Europa e na Ásia, onde o gás natural é mais utilizado do que o petróleo no aquecimento de espaços [40]. Quando o clima global regressa à primavera, com temperaturas mais elevadas, o consumo de petróleo também abranda, mas ao entrar no verão, com o aumento do volume de veículos na América do Norte, o consumo de petróleo volta a aumentar.

Embora o consumo de petróleo seja diretamente proporcional ao crescimento do PIB, a parte do consumo mundial de petróleo nos países da OCDE diminuiu de 70% em 1975 para 58% em 2006, devido à ênfase dada às questões do aquecimento global e aos esforços de poupança de energia [41]. Pelo contrário, o rácio do consumo mundial de petróleo nos países não pertencentes à OCDE está a aumentar. Desde 2000, a taxa de crescimento anual é de 4%, enquanto nos países da OCDE é de apenas 0,4%. De acordo com as estatísticas da AIE sobre o consumo mundial de petróleo per capita, há 3 galões por dia nos Estados Unidos, 1,4 galões por dia noutros países da OCDE e 0,2 galões por dia noutras regiões.

A região de crescimento mais rápido do consumo de petróleo nos países não pertencentes à OCDE é a região da Ásia-Pacífico, com taxas de crescimento anuais superiores a 2,8% entre 2005 e 2015. O atual consumo de petróleo da região representa 34,7% do consumo mundial, sendo a razão mais importante o rápido crescimento económico da China [42]. Na China, embora a utilização do carvão aumente rapidamente, devido ao rápido crescimento dos automóveis, a utilização do petróleo aumentou mais rapidamente, como mostra o quadro 3.

Na estrutura da indústria petrolífera dos últimos 30 anos, a Shells, a BP, a Mobil, a Gulf, a Texaco, a Chevron, etc., as chamadas "Sete Irmãs", dominaram a indústria petrolífera mundial na década de 1970, em resultado de fusões e aquisições [43, 44, 45]. Além disso, devido à fusão entre a Exxon-Mobil e a Chevron-Texaco, restam atualmente apenas cinco empresas petrolíferas internacionais, com uma quota global inferior a 20%. Esta situação deve-se principalmente ao facto de um grande número de países produtores de petróleo ter substituído as empresas petrolíferas privadas e ter recuperado a propriedade dos campos petrolíferos e os direitos de produção. Em termos de capital, o conglomerado continua a ser grande, mas em termos de recursos, o consórcio foi ultrapassado pelas empresas petrolíferas nacionais. Os maiores detentores de reservas de petróleo são: Saudi Aramco, Gazprom, o Ministério do Petróleo do Iraque e a Iranian Petroleum; as seguintes são: ExxonMobil, Kuwait Petroleum, BP, Shell e Pemex. Quase todas as empresas petrolíferas do Médio Oriente estão incluídas. medida que o petróleo se torna mais escasso e os preços do petróleo aumentam, os interesses na exploração e produção de petróleo aumentam: as despesas de exploração aumentaram 20% em 2005 e 30% em 2006. Ao mesmo tempo, os custos de produção também aumentam rapidamente. Desde 2000, os custos de capital a montante aumentaram 79% em resultado do aumento dos preços do aço e da escassez de mão de obra e, em 2006, os planos de exploração mineira aumentaram 30%.

Para além da exploração mineira, o mercado mundial de petróleo bruto inclui também operações de refinação. Muitas operações de refinação são combinadas com a comercialização a jusante de produtos de gasolina, ou combinadas com as operações mineiras a montante. Atualmente, a capacidade global de refinação é de 79,6 milhões de barris/dia, dos quais mais de metade nos países da OCDE. As operações de refinação são geralmente realizadas em zonas consumidoras de gasolina para poupar custos, pelo que o Médio Oriente é a maior região produtora de petróleo do mundo, mas a maior parte das indústrias de refinação continua concentrada nos Estados Unidos, que representam cerca de 20% do total mundial, seguidos da Europa e da Ásia [46].

Quadro 4Reservas provadas de petróleo bruto nos principais países/regiões (unidade: milhares de milhões de barris)

	At end 1995	At end 2005	At end 2014	At end 2015	Share of total (at end 2015)	R/P ratio
US	29.8	29.9	55	55	3.2%	11.9
Canada	48.4	180	172.2	172.2	10.1%	107.6
Total North America	126.9	223.6	238	238	14.0%	33.1
Venezuela	66.3	80	300	300.9	17.7%	313.9
Total S. & Cent. America	83.7	103.6	331.7	329.2	19.4%	117
Russian Federation	113.6	104.4	103.2	102.4	6.0%	25.5
Total Europe & Eurasia	141.2	139.5	154.6	155.2	9.1%	24.4
Iran	93.7	137.5	157.8	157.8	9.3%	110.3
Iraq	100	115	143.1	143.1	8.4%	97.2
Kuwait	96.5	101.5	101.5	101.5	6.0%	89.8
Saudi Arabia	261.5	264.2	267	266.6	15.7%	60.8
Syria	2.6	3	2.5	2.5	0.1%	253.7
United Arab Emirates	98.1	97.8	97.8	97.8	5.8%	68.7
Total Middle East	663.3	755.5	803.8	803.5	47.3%	73.1
Libya	29.5	41.5	48.4	48.4	2.8%	306.8
Nigeria	20.8	36.2	37.1	37.1	2.2%	43.2
Total Africa	72	111.3	129.3	129.1	7.6%	42.2
Total Asia Pacific	39.1	40.8	42.6	42.6	2.5%	14
Total World	1,126.2	1,374.4	1,700	1,697.6	100.0%	50.7
of which OECD	149.2	244	253.9	255.3	15.0%	29.7
Non-OECD	976.9	1,130.4	1,446.1	1,442.3	85.0%	58
OPEC	786.6	927.8	1,211.1	1,211.6	71.4%	86.8
Non-OPEC	339.6	446.6	488.9	486	28.6%	24.9
CIS	121.5	122.2	141.9	141.1	8.3%	27.8
Canadian oil sands	41.5	173.6	166.2	166.2		

Fonte de dados: BP Statistical Review of World Energy, junho de 2016.

No passado, a rentabilidade da refinação do petróleo não era elevada, sendo muitas vezes comprimida para satisfazer a enorme procura de custos de proteção ambiental, mas com o aumento da procura de gasolina, as operações de refinação tornaram-se mais uma vez uma indústria de elevado lucro devido à escassez da oferta. São continuamente criadas novas refinarias no Médio Oriente e nas regiões asiáticas, limitando-se as restantes regiões à renovação de antigas fábricas.

Como revela o quadro 4, de acordo com as estatísticas da BP, devido à descoberta contínua de novas fontes de petróleo, no final de 2015, a reserva petrolífera recuperável comprovada global é de 1,70 mil milhões de barris, o que aumenta em vez de diminuir, em comparação com 1,21 mil milhões de barris em 2006, 1,05 mil milhões de barris em 1996 e 0,877 mil milhões de barris em 1986. O rácio R/P (ou seja, o total das reservas dividido pela produção anual) no final de 2015 é de cerca de 50.

Cerca de metade das reservas mundiais de petróleo encontram-se no Médio Oriente. De acordo com a atual taxa de produção, o volume restante pode ser utilizado durante cerca de 73 anos. Outras regiões, como a América do Norte, têm cerca de 33 anos, a OCDE 30 anos e a região Ásia-Pacífico 14 anos. Fora do Médio Oriente, há 11 países com rácios R/P superiores a 30 anos: Canadá, Equador, Chile, Venezuela, Cazaquistão, Chade, Líbia, Nigéria, Sudão do Sul, Sudão, Vietname, etc.

No final de 2015, a reserva de petróleo no Médio Oriente era de 803,5 mil milhões de barris. A Venezuela, com 300,9 mil milhões de barris, é o maior país reservador de petróleo do mundo, seguida da Arábia Saudita, com 266,6 milhões de barris; o terceiro é o Canadá, com 172,2 mil milhões de barris. O país mais produtivo de petróleo do mundo é os Estados Unidos, com um volume de produção de 12,7 milhões de barris por dia, seguido da Arábia Saudita, com 12,01 milhões de barris por dia, e da Rússia, com 10,98 milhões de barris por dia.

As principais regiões produtoras de petróleo fora da OPEP incluem a antiga União Soviética, a América do Norte e o Mar do Norte. O custo da produção de petróleo nestas zonas aumenta com o consumo das reservas, enquanto que a produção dos restantes campos petrolíferos é reduzida e difícil de extrair.

Com a revolução do petróleo de xisto, os Estados Unidos tornaram-se o maior produtor de petróleo do mundo e são também considerados um dos principais fornecedores de petróleo. O petróleo do Mar do Norte, principalmente da Noruega e do Reino Unido, após 25 anos de desenvolvimento sustentado, está agora a enfrentar o momento de esgotamento. Outros grandes produtores de petróleo não pertencentes à OPEP no continente americano são o Canadá, o México, o Brasil e a Colômbia, como mostra o Quadro 5.

Independentemente da quantidade e do montante, o petróleo é o bem comercial mais internacionalizado. 60% da produção mundial de petróleo é exportada para outros países, incluindo alguns produtos petroquímicos refinados. A maior parte da produção de petróleo é transportada por camiões-cisterna ou por tubagens. Devido ao baixo custo, à elevada eficiência e à boa flexibilidade, a maior parte do transporte intercontinental de petróleo é efectuada por camiões-cisterna.

Quadro 5 Produção *anual* de petróleo bruto nos principais países/regiões (unidade: mb/dia)

	2011	2012	2013	2014	2015
Saudi Arabia	11.14	11.64	11.39	11.50	12.01 (13.0%)
Iran	4.47	3.81	3.61	3.74	3.92 (4.2%)
Venezuela	2.76	2.70	2.68	2.68	2.63 (3.1%)
Iraq	2.80	3.12	3.14	3.28	4.03 (4.5%)
United Arab Emirates	3.32	3.40	3.64	3.68	3.90 (4.0%)
Nigeria	2.48	2.43	2.32	2.39	2.35
Kwait	2.92	3.71	3.13	3.12	3.10 (3.4%)
OPEC	36.06	37.54	36.62	36.65	38.23 (41.4%)
US	7.85	8.88	10.06	11.72	12.70 (13.0%)
Mexico	2.94	2.91	2.88	2.78	2.59
Canada	3.52	3.74	4.00	4.28	4.38 (4.9%)
United Kindom	1.12	0.95	0.87	0.86	0.96
Norway	2.04	1.92	1.84	1.89	1.95
OECD	18.57	19.47	20.62	22.54	25.53 (24.9%)
CIS	13.54	13.59	13.80	13.81	13.91 (15.6%)
Russian Federation	10.52	10.64	10.78	10.84	10.98 (12.4%)
China	4.07	4.16	4.22	4.25	4.31 (4.9%)
S. & Cent. America	7.40	7.32	7.34	7.60	7.71 (9.1%)
Africa	8.55	9.33	8.71	8.37	8.38 (9.1%)
World in total	84.10	86.22	86.59	88.83	91.67 (100%)
Growth (mb/day)	0.82	2.12	0.37	2.24	2.84
Growth rate (%)	0.98	2.52	0.43	2.59	3.20

Fonte de dados: BP Statistical Review of World Energy, junho de 2016.

Os Estados Unidos, o maior importador de petróleo do mundo, importam uma quota de 9,4mb/dia, enquanto o Japão e a Alemanha dependem de mais de 90% do petróleo bruto importado. Em 2015, o Médio Oriente e a Rússia exportaram separadamente 33,7% e 13,5% da produção total de petróleo do mundo. Em especial, os países da Ásia-Pacífico importam 90% do petróleo do Médio Oriente [47].

Desde 1973, quando o domínio do mercado petrolífero passou da empresa comum para a OPEP, a volatilidade dos preços do petróleo aumentou. Após a primeira crise energética de 1973 (o embargo petrolífero árabe) e a segunda crise energética de 1979 (a guerra Irão-Iraque), os preços mundiais do petróleo mantiveram-se estáveis durante um período de cinco anos [48]. Em 1986, a Arábia Saudita, para mostrar a sua força na OPEP, retomou a produção total, o que levou ao colapso dos preços mundiais do petróleo MOI

O preço médio do petróleo baixou de 28 dólares/barril em 1985 para 14 dólares/barril em 1986. Durante este período, os preços do petróleo mantiveram-se baixos. Até 1991, quando o Iraque invadiu o Kuwait, mais uma vez os preços globais do petróleo flutuaram ligeiramente. Durante a turbulência financeira asiática, os preços do petróleo atingiram 12 dólares/barril [50].

No início da década de 2000, após a invasão do Iraque pelos Estados Unidos, os preços do petróleo começaram a subir, devido ao aumento da procura nos países emergentes, à forte recuperação do mercado da OCDE e à lenta reação dos países produtores de petróleo, fazendo com que os preços do petróleo ficassem fora de controlo, passando de 25 dólares/barril em 2002 para 38 dólares/barril em 2004, 54 dólares/barril em 2005 e 65 dólares/barril em 2006. As tensões políticas nas regiões produtoras de petróleo, juntamente com a inutilidade dos mercados futuros, aceleraram a subida do preço do petróleo, fazendo com que os preços do petróleo batessem o recorde de 147,27 dólares por barril em 14 de julho de 2008.

Os países membros da OPEP produzem cerca de 41,4% da produção mundial de petróleo e reservam quase 86,8% das reservas mundiais de petróleo [51]. Por exemplo, os países membros da OPEP possuem 1,21 biliões de barris nas reservas mundiais de 1,70 milhões de barris. Com o esgotamento das reservas de petróleo não-OPEP, as proporções das reservas de petróleo da OPEP em relação às reservas mundiais de petróleo estão a aumentar de forma constante. Os principais factores de sucesso desta empresa conjunta da OPEP devem-se principalmente à capacidade e perseverança da Arábia Saudita [52]. A Arábia Saudita desempenha voluntariamente o papel de produtor de ajustamento vital para a OPEP, mesmo em detrimento dos seus próprios interesses nacionais [53].

A ascensão do petróleo de xisto nos Estados Unidos cria uma nova era de revolução energética e abala o domínio energético global da OPEP. Para combater a invasão do petróleo de xisto no mercado mundial, a Arábia Saudita começa por lançar uma ação de aumento da produção, enquanto a Rússia se agarra ao fundo do poço sem cortes na produção, com o levantamento da proibição do transporte de petróleo para o Irão, o que resulta num fenómeno de oferta superior à procura, fazendo com que os preços internacionais do petróleo continuem a cair do pico histórico de 107,9 dólares por barril em junho de 2014 para o preço mais baixo de 27,0 dólares americanos/barril em janeiro de 2016. Os baixos preços do petróleo provocam a recessão financeira e económica internacional. A situação é prejudicial para o desenvolvimento económico mundial.

Para salvar as economias dos países petrolíferos e a economia mundial, a OPEP realizou frequentemente reuniões de redução da produção. Por exemplo, no final de novembro de 2016, em Viena, os países membros da OPEP chegaram a um acordo de redução da produção pela primeira vez desde 2008. De acordo com o acordo de redução da produção de petróleo, a OPEP reduzirá a sua produção diária de petróleo em 1,2 milhões de barris no início do próximo ano, com um objetivo de redução total de 3 250 milhões de barris, que será revisto após 6 meses de execução do acordo. Estimulados por esta notícia, os preços internacionais do petróleo sobem para 50 dólares por barril ou mais. As principais indústrias e países aumentam sequencialmente os objectivos dos preços internacionais do petróleo. Por exemplo, o preço do petróleo de 60 dólares por barril é esperado pelo Banco Suíço para o próximo ano.

As quotas de produção dos países membros da OPEP em 2015 são as seguintes: Arábia Saudita (12,01mb/d); Iraque (4,03mb/d); Irão (3,92mb/d); Emirados Árabes Unidos (3,90mb/d); Kuwait (3,10mb/d); Venezuela (2,63mb/d); Nigéria (2,35mb/d); Qatar (1,90mb/d); e Argélia (1,59mb/d). Estas quotas são agora consideradas mais indicativas do que obrigatórias, uma vez que deixaram de ser subjectivas ao seu cumprimento desde novembro de 2006. Atualmente, os Estados membros da OPEP cumprem em grande medida os objectivos revistos de produção de petróleo.

Por outro lado, a Agência Internacional da Energia (AIE), que representa os interesses dos países consumidores de petróleo, nomeadamente a OCDE, após a primeira crise energética em 1973, foi criada em Paris, França, para coordenar a política ocidental de promoção da segurança energética. Desde então, a AIE concentra-se na recolha e divulgação de informações sobre o petróleo. Atualmente, a AIE concentra-se mais na resolução de um leque mais vasto de questões, por exemplo, as alterações climáticas, a reestruturação do mercado, a cooperação e a promoção das tecnologias energéticas [54].

4. O atual estado da segurança do petróleo

Será adequado abordar as questões da atual segurança do petróleo com as medidas actuais? Trata-se de uma questão difícil de responder por várias razões: em primeiro lugar, é quase impossível prever o momento, a dimensão ou a duração das crises petrolíferas, uma vez que estas são normalmente súbitas. Em segundo lugar, não existem orientações fiáveis para avaliar com precisão o impacto de qualquer perturbação do aprovisionamento de petróleo nos preços do petróleo ou o impacto de preços elevados do petróleo na procura de petróleo, no PIB e na inflação. Por último, a eficácia da constituição de reservas e de outras medidas de resposta continua por determinar, uma vez que a acumulação de défices de aprovisionamento não garante que os preços do petróleo regressem à sua origem. Por conseguinte, poderá ser mais fácil especular sobre as futuras medidas adequadas através da evolução das disponibilizações seguras ao longo dos anos.

4.1 As considerações tradicionais de segurança

Várias considerações de segurança tradicionais continuam a manter-se, embora o ambiente tenha mudado. Por exemplo, os recursos petrolíferos continuam a estar largamente concentrados no Médio Oriente, o que é inquestionável. Entre eles, há seis países do Médio Oriente que controlam cerca de metade das reservas mundiais de petróleo. Embora os produtores da OPEP do Médio Oriente forneçam apenas 32,4% da produção mundial de petróleo, é provável que este valor duplique nos próximos 20 anos, uma vez que a produção noutras regiões já está saturada e em declínio. Ao mesmo tempo, o volume do comércio de petróleo do Médio Oriente representa 40% do volume mundial. Estes factores não colocam problemas de segurança se estes países se encontrarem num estado de estabilidade política e se a política de preços orientada para o mercado se mantiver continuamente. Infelizmente, estes países cooperam frequentemente através de empresas comuns numa tentativa de influenciar o mercado do petróleo.

Em segundo lugar, alguns países do Médio Oriente não são suficientemente estáveis em termos de segurança política. Com base na experiência de crises petrolíferas anteriores, pode ainda ocorrer uma interrupção temporária do abastecimento de petróleo no mercado. Nos últimos cinquenta anos, registaram-se mais de 14 interrupções graves do aprovisionamento de petróleo, que provocaram frequentemente uma escassez de 0,5mb/d ou mais. Estas interrupções estiveram ligadas a acontecimentos políticos ou militares no Médio Oriente. Vários acontecimentos podem ser classificados como impactos acidentais, tais como conflitos civis em países produtores de petróleo (como a revolução iraniana) ou guerras entre Estados petrolíferos (como a invasão do Kuwait pelo Iraque em 1990).

A partir de 1973, para além da Guerra do Suez, que teve lugar em 1956, a ocorrência de perturbações no abastecimento durante este período foi muito escassa e reduzida. Entre 1973 e 2000, ocorreram quatro grandes crises, nomeadamente a guerra israelo-árabe em 1973, a revolução iraniana entre 1978 e 1979, a guerra Irão-Iraque em 1980 e a guerra do Golfo entre 1990 e 1991, que resultaram numa escassez inicial de 3,0-5,6mb/d de petróleo [55]. Em março de 2003, a guerra EUA-Iraque foi ainda mais significativa, sendo indubitavelmente designada como a quinta maior crise petrolífera, que, a partir de agora, o preço do petróleo não só se manteve a um nível elevado, como também atingiu continuamente novos máximos, o que afecta indiretamente o abastecimento de fontes de alimentação viva e de matérias-primas industriais. É evidente que, apesar de a humanidade ter entrado no século XXI, os países produtores de petróleo do Médio Oriente continuam a ser a chave em que assenta a estabilidade social global.

A história mostra igualmente que ocorrem frequentemente rupturas da oferta a curto prazo no mercado petrolífero, mas que não provocaram demasiados choques de preços, devido à execução da capacidade de produção disponível. Com base na experiência histórica e na aplicação da estratégia, vários países produtores de petróleo da OPEP implementaram medidas de capacidade de produção excedentária, mas a maioria dos países não produtores de petróleo da OPEP não dispõe de tal sistema [56]. Entre 2006 e 2010, a capacidade de produção excedentária da OPEP é estimada em cerca de 4,0mb/d [57]. Com base na experiência passada, esta capacidade de reserva não é elevada, especialmente no Médio Oriente - Arábia Saudita, Kuwait e Emirados Árabes Unidos - pelo que é melhor rezar para que a região esteja sempre sã e salva [58].

(2) As novas considerações de segurança

Para além das considerações de segurança tradicionais acima referidas, surgiram recentemente várias novas considerações de segurança em resultado da evolução geopolítica. Entre elas, a mais importante é a desintegração da antiga União Soviética, que faz com que as pessoas se lembrem da possível redução da produção de petróleo e da instabilidade política na região. Do lado positivo, a desintegração da antiga União Soviética deverá ajudar os países emergentes do Mar Cáspio a implementar uma nova política petrolífera e energética, ao mesmo tempo que transfere as tensões para fora do Médio Oriente, de modo a que os países ocidentais possam prestar mais atenção ao desenvolvimento político da Europa Oriental [59, 60]. Atualmente, a procura de novas fontes de energia tornou-se uma luta geopolítica pelos recursos. Por exemplo, competindo com os recursos petrolíferos da Sibéria Oriental, a China persuade a Rússia a construir condutas de transporte de petróleo da Sibéria Oriental até Daqing, e o Japão também espera que o sistema russo de condutas de petróleo se possa estender até ao Japão no Extremo Oriente. Para a sua própria segurança energética, o Japão, com uma ambição particularmente forte em relação às jazidas de petróleo da Sibéria, investiu milhares de milhões de dólares no programa de bem-estar social da Rússia para facilitar o transporte de petróleo para o Japão, que tenta induzir o Presidente Putin da Rússia a escolher a costa do Oceano Pacífico como outro destino de exportação de petróleo [61].

Outro desenvolvimento geopolítico com choques energéticos é o crescimento da economia asiática e a sua crescente influência política, especialmente a China, que emerge através da reforma económica. Por se estar a tornar um grande importador de energia, a China começou a estudar a política de diversificação das importações de petróleo do Médio Oriente, importando agora petróleo bruto de mais de 20 países, e sendo capaz de estabelecer uma frota marítima azul para proteger o transporte do petróleo importado. Além disso, se a China der demasiada importância à propriedade territorial do Mar da China Meridional, poderá aprofundar a instabilidade política na região. Ao voltar a sua atenção para a produção interna de energia, a China anunciou recentemente o plano de desenvolvimento nuclear mais ambicioso do mundo, ou seja, até 2020, a China construirá 24-32 novas centrais nucleares.

Atualmente, a AIE, que estava cheia de confiança, pode ter perdido o rumo original da política de segurança energética. A OCDE tem vindo a diminuir continuamente as suas existências de segurança de petróleo, passando do máximo de 160 dias em 1986 para os actuais 90 dias. O declínio dos inventários totais resulta do facto de a indústria ter procurado obter baixos custos marginais de inventário desde a década de 1980, e a estagnação contínua dos inventários públicos desde 1986 não aumentou. Nos últimos anos, o inventário da indústria acelera o declínio para racionalizar o custo. Outra razão é a redução da produção própria da OPEP.

Embora a redução das existências não conduza à elasticidade das medidas de resposta, de acordo com a avaliação da AIE, a estratégia de existências globais só é eficaz para situações de escassez de petróleo a curto e médio prazo. Para fazer face a uma escassez a mais longo prazo ou de maior impacto, para além das reservas, existem ainda outras medidas de apoio, como a redução do consumo, a substituição do combustível ou um aumento da produção. No entanto, a função destas medidas auxiliares - em especial a redução do consumo e o aumento da produção - é atualmente muito limitada. As medidas de aumento da produção só podem ser aplicadas num pequeno número de países ricos em petróleo, como o Canadá, a Noruega, o Reino Unido e os Estados Unidos. No entanto, em qualquer caso, o aumento da produção nestes países é ainda pouco comparável à produção ultrapassada dos principais produtores de petróleo do Médio Oriente.

Além disso, o aumento rápido e sustentado da utilização de petróleo no sector dos transportes é uma fonte de preocupação. Dado que a taxa de variação do preço dos combustíveis para veículos não pode ser demasiado elevada, no futuro, quando se verificar uma rutura em grande escala do aprovisionamento energético, o preço do petróleo não poderá aumentar demasiado. Atualmente, o sector dos transportes é responsável por pelo menos metade da quantidade de petróleo utilizada. Hoje em dia, quando os preços da gasolina estão em alta, todos estão ansiosos por procurar alternativas ao petróleo, como os biocombustíveis e o hidrogénio. Num futuro a curto prazo, a substituição em grande escala do rácio tradicional de combustíveis petroquímicos para os transportes é uma nova estratégia de segurança energética [62].

No que diz respeito ao estado atual da segurança do petróleo, podemos concluir que, no novo século, o mundo ainda não conseguiu livrar-se da crise energética desencadeada pelo Médio Oriente, como a guerra EUA-Iraque e as interferências da OPEP no mercado do petróleo. Para além disso, devido a novas mudanças geopolíticas, por exemplo, a desintegração da antiga União Soviética, a criação de novos países produtores de petróleo do Cáspio, juntamente com o desenvolvimento vigoroso de combustíveis alternativos, fazem com que as economias desenvolvidas do Ocidente reduzam muitos prejuízos [63]. No entanto, com a ascensão das novas economias do terceiro mundo, como a China e a Índia, o peso da procura de petróleo ainda não diminuiu [64]. As considerações tradicionais em matéria de segurança do petróleo continuam a existir, ao passo que as novas considerações em matéria de segurança do petróleo estão a aumentar. Há ainda um longo caminho a percorrer para que o ser humano se liberte do pesadelo do petróleo.

5. O futuro das tendências da segurança do petróleo

Nas próximas décadas, assistiremos a muitas mudanças no sector da energia, uma vez que as questões ambientais e o esgotamento das energias fósseis começaram a alterar os cenários energéticos existentes. As perspectivas futuras para os mercados da energia e do petróleo e o seu significado em termos de segurança requerem mais preocupações da nossa parte.

Projecções recentes no domínio da energia estimam que os combustíveis fósseis continuarão a suprir a maior parte do aumento da procura de energia nas próximas duas décadas e que, embora as energias renováveis estejam a aumentar gradualmente o seu papel na oferta, o petróleo continuará a sustentar os seus actuais 40% da utilização total de energia [65]. Devido à redução da utilização do carvão e das energias nucleares, a proporção de gás natural aumentará. As áreas onde se espera que a procura de energia cresça significativamente serão os países em desenvolvimento, que terão uma quota total de utilização de energia de quase 50% em 2020.

De acordo com as observações da AIE sobre o consumo de energia, o consumo mundial de petróleo aumentou de 85 mb/d em 2005 para 95 mb/d em 2015, estimando-se que seja de cerca de 1 000 mb/d em 2020. As principais áreas de aumento provêm dos países asiáticos em rápido crescimento e o principal sector de consumo é o sector dos transportes. Dado que os principais países consumidores, por exemplo, os países da OCDE e os países asiáticos, deverão continuar a importar petróleo, o que promove as considerações de segurança pertinentes.

A oferta mundial de petróleo tentará satisfazer esta procura em rápido crescimento; pelo menos a curto prazo, não há qualquer problema. No entanto, não é possível determinar se as reservas de petróleo, nomeadamente nos países não pertencentes à OPEP, continuarão a satisfazer as necessidades acima referidas durante muito tempo. Alguns peritos previram em 2000 que, na próxima década, o mundo enfrentaria uma grave escassez de petróleo. As suas projecções baseiam-se no argumento de que o crescimento económico, o aumento do consumo, a diminuição das reservas de petróleo e a reduzida probabilidade de novas descobertas de petróleo conduziram a uma aproximação gradual ao esgotamento. No entanto, um grande número de optimistas não pensa assim, porque os obstáculos ao desenvolvimento não são geopolíticos, podem ser mais facilmente ultrapassados pela política e pela regulamentação. Estes optimistas acreditam que mais tecnologia de ponta e preços elevados do petróleo farão com que mais petróleo seja extraído das reservas de forma mais económica. Assumem que a produção se manterá estável até ao esgotamento do petróleo.

O relatório mais importante sobre as futuras avaliações dos recursos petrolíferos foi publicado pelo US Geological Survey (USGS) em junho de 2000 [66]. Neste relatório anual, registou-se um aumento das reservas de petróleo de 20% em relação à edição de 1994. Especialmente esta foi a primeira vez que o USGS identificou que as reservas de petróleo eram consistentes com as novas descobertas de petróleo. Se estas projecções estiverem corretas, a produção mundial de petróleo será reduzida num futuro distante.

Além disso, no último relatório da AIE sobre as perspectivas energéticas, a fonte global de petróleo nas próximas duas décadas satisfará plenamente as necessidades globais, mas uma coisa é certa: o pico de produção de petróleo não-OPEP será muito anterior ao pico de produção de petróleo da OPEP. Isto significa que a dependência da OPEP irá aumentar, especialmente a dependência dos países produtores de petróleo do Médio Oriente. Prevê-se que a produção de petróleo não-OPEP aumente 5mb/d até 2020, após o que ficará saturada e estável. Por outras palavras, após 2020, a OPEP suportará efetivamente todo o aumento da procura de petróleo. Para responder a este aumento da procura, a OPEP deve aumentar significativamente a sua capacidade de produção. Por conseguinte, a reconstrução do Iraque e o levantamento do embargo ao Irão devem ser levados a cabo rapidamente; caso contrário, não poderá fazer face a esta necessidade urgente e iminente.

A dependência da OCDE em relação ao petróleo aumentará de 54% em 1997 para 70% em 2020, sem reservas. Esta dependência diminuirá após 2020, quando os combustíveis liquefeitos não convencionais, como as areias petrolíferas, a biomassa e o gás natural, substituírem gradualmente o petróleo convencional. Embora o sector da energia venha a ser gradualmente dominado pelas energias renováveis, este cenário só se verificará após 2020.

Tendo em conta as considerações de segurança no sector dos transportes que aumentam gradualmente a procura de petróleo, os combustíveis alternativos só aparecerão, pelo menos, depois de 2020. Naturalmente, a utilização crescente de petróleo nos países em desenvolvimento é inevitável. A maior parte do aumento da procura de petróleo deverá provir dos países asiáticos emergentes que não dispõem de uma estratégia de segurança completa [67]. Isto significa que a reserva de emergência da AIE tornar-se-á inevitavelmente o único instrumento global para resolver a crise do aprovisionamento energético.

Há uma questão quente que deve ser inevitavelmente mencionada aqui, a saber, o fenómeno do aquecimento global. O Acordo de Paris sobre o Clima, que entrou em vigor em 4 de novembro de 2016, obriga os Estados membros da ONU a comprometerem-se a reduzir as emissões de gases com efeito de estufa para manter o aumento da temperatura global não superior a 1,5 graus Celsius ou, pelo menos, 2 graus Celsius [68]. Com o objetivo de reduzir as emissões de dióxido de carbono, o benefício substancial não é apenas a obtenção de uma solução para os problemas ambientais, mas, mais importante ainda, a possibilidade de abandonar significativamente os combustíveis fósseis, em particular a dependência do petróleo.

De acordo com as estatísticas da BP apresentadas no quadro 4, devido à descoberta contínua de novas fontes de petróleo, no final de 2015, a reserva petrolífera mundial comprovada é de 1,70 milhões de barris. Em comparação com 1,37 milhões de barris em 2005 e 1,13 milhões de barris em 1995, a atual reserva de petróleo aumenta em vez de diminuir. A vida recuperável (ou seja, o total das reservas dividido pela produção anual) é de cerca de 50 anos.

As tendências a longo prazo do mercado do petróleo bruto incluem um crescimento económico mundial lento e outras análises prospectivas dos dados mostram que: a melhoria contínua da eficiência dos combustíveis para os transportes e os avanços tecnológicos na exploração petrolífera farão com que os preços do petróleo sejam relativamente baixos durante, pelo menos, dez anos, prevendo-se que a redução da produção petrolífera se aproxime dos 120 milhões de barris/dia.

A OPEP, dominada pela Arábia Saudita, continuará a ser o maior fator mundial de influência no mercado da energia. No entanto, não voltará a ter o poder de controlo quase absoluto sobre os mercados petrolíferos como no passado, especialmente devido à ascensão da Rússia e à revolução energética do século do petróleo de xisto nos Estados Unidos, juntamente com o levantamento da proibição de exportação de petróleo iraniano e outros factores. Consequentemente, uma pequena alteração na curva da oferta ou da procura do mercado petrolífero terá um enorme impacto no preço de equilíbrio do mercado.

Ao entrar no século XXI, a humanidade provou os frutos amargos das alterações climáticas. A utilização de combustíveis fósseis - os principais emissores de gases com efeito de estufa - será gradualmente reduzida na nossa vida quotidiana. No futuro sector dos transportes, os veículos eléctricos tornar-se-ão uma ferramenta de transporte revolucionária. Para além de funcionarem sem gasolina, gasóleo e outros combustíveis fósseis, as vantagens incluem também a ausência de poluição atmosférica e sonora. Se os veículos eléctricos forem popularizados em grande escala, tornar-se-ão também um gigantesco sistema de armazenamento de energias com baixo teor de carbono. Por exemplo, as fontes de energia renováveis, cujo fornecimento era anteriormente instável, podem ser armazenadas e tornar-se uma importante fonte de energia verde para uma vasta gama de aplicações [69]. Desta forma, é possível um afastamento significativo das energias fósseis, especialmente do petróleo. Pode aumentar a diversificação do aprovisionamento energético, para além de reforçar a política de independência energética e uma segurança energética mais sólida. Além disso, será uma grande ajuda para a humanidade reduzir o aquecimento global.

Referências

[1] Daniel Yergin, Ensuring Energy Security, *Foreign Affairs,* Vol. 85, No. 2 (Mar. - Abr., 2006), pp. 69-82.

[2] Dieter Helm, Energy policy: security of supply, sustainability and competition, *Energy Policy,* Volume 30, Número 3, fevereiro de 2002, Páginas 173-184.

[3] DA Deese, Energy and security, *JS Nye,* 1981, Ballinger Pub Co.

[4] J. Bielecki, Energy security: is the wolf at the door? *The Quarterly Review of Economics and Finance,* Volume 42, Número 2, verão de 2002, Páginas 235-250.

[5] Erica S. Downs, The Chinese Energy Security Debate, *The China Quarterly,* Volume 177, março de 2004, pp. 21-41.

[6] M. Asif, T. Muneer, Energy supply, its demand and security issues for developed and emerging economies, *Renewable and Sustainable Energy Reviews,* Volume 11, Número 7, setembro de 2007, Páginas 1388-1413.

[7] Christian Winzer, Conceptualizing energy security, *Energy Policy,* Volume 46, julho de 2012, Páginas 36-48.

[8] BP Amoco, *Statistical Review of World Energy,* Londres, 1999.

[9] Jeff D. Colgan, The Emperor Has No Clothes: The Limits of OPEC in the Global Oil Market, *Cambridge University Press,* Volume 68, Número 3, julho de 2014, pp. 599-632

[10] John V. Mitchell, Beth Mitchell, Structural crisis in the oil and gas industry, *Energy Policy,* Volume 64, janeiro de 2014, Páginas 36-42.

[11] Fredrik Hedenus, Christian Azar, Daniel J.A. Johansson, Energy security policies in EU-25-The expected cost of oil

supply disruptions, *Energy Policy,* Volume 38, Número 3, março de 2010, Páginas 1241-1250.

[12] YA Sayigh, Arab Oil Policies in the 1970s (RLE Economy of Middle East): Opportunity and Responsibility, *Routledge,* Londres e Nova Iorque, 2015.

[13] Irina Dolgopolova, Qazi Adnan, Muhhamad Hye, lyala Tam Stewart, Energy consumption and economic growth: evidence from non-OPEC oil producing states, *Quality & Quantity,* March 2014, Volume 48, Issue 2, pp 887-898.

[14] Gal Hochman, David Zilberman, The political economy of OPEC, *Energy Economics,* Volume 48, março de 2015, Páginas 203-216.

[15] Khalid Alkhathlan, Dermot Gately, Muhammad Javid, Analysis of Saudi Arabia's behavior within OPEC and the world oil market, *Energy Policy,* Volume 64, janeiro de 2014, Pages 209225.

[16] Dermot Gately, A Ten-Year Retrospective: OPEC and the World Oil Market, *Journal of Economic Literature,* Vol. 22, No. 3 (Sep., 1984), pp. 1100-1114

[17] Marian Radetzki, Politics-not OPEC interventions-explain oil's extraordinary price history, *Energy Policy,* Volume 46, julho de 2012, Páginas 382-385.

[18] The Limits to Growth, A report for the Club of Rome's project on the predicament of mankind, Earth Island Limited, Londres 1972.

[19] AIE (Agência Internacional da Energia), Volume 1, Apêndice IV. The History of the International Energy Agency: the First Twenty Years (A história da Agência Internacional da Energia: os primeiros vinte anos). OCDE, Paris, 1994.

[20] Shyi-Min Lu, Economic concepts of energy efficiency - A review, *International Journal of Engineering Sciences & Research Technology,* Volume 5, Issue 8, August 2016, Pages 817-832, doi: 10.528 l/zenodo.60748

[21] Shyi-Min Lu, Ching Lu, Kuo-Tung Tseng, Falin Chen, Chen-Liang Chen, Potencial de poupança de energia do sector industrial de Taiwan, *Renewable and Sustainable Energy Review,* Vol. 21, maio de 2013, pp. 674-683.

[22] A.F. Alhajji e David Huettner, OPEC and World Crude Oil Markets from 1973 to 1994: Cartel, oligopólio ou concorrência? *The Energy Journal,* Vol. 21, No. 3 (2000), pp. 31-60.

[23] Vlado Vivoda, Diversificação das fontes de importação de petróleo e segurança energética: Uma estratégia fundamental ou um objetivo ilusório? *Política Energética,* Volume 37, Número 11, novembro de 2009, Páginas 4615-4623.

[24] Theodore H. Moran, Oil Prices and the Future of OPEC: The Political Economy of Tension and Stability in Organization of Petroleum Exporting Countries, *Routledge,* Nova Iorque, 1978.

[25] Abdeen Mustafa Omer, Energy, environment and sustainable development, *Renewable and Sustainable Energy Reviews,* Volume 12, Número 9, dezembro de 2008, Páginas 2265-2300.

[26] Shyi-Min Lu, Uma revisão dos motores de alta eficiência: Specification, policy, and technology, *Renewable and Sustainable Energy Reviews,* Volume 59, junho de 2016, Páginas 1-12, doi:10.1016/j.rser.2015.12.360

[27] Aad Correlje, Coby van der Linde, Energy supply security and geopolitics: A European perspective, *Energy Policy,* Volume 34, Número 5, março de 2006, Páginas 532-543.

[28] Steve Isser, The Economics and Politics of the United States Oil Industry, 1920-1990, *Routledge,* Londres e Nova Iorque, 2016.

[29] Christopher S. Rowland, James W. Mjelde, Politics and petroleum: Unintended implications of global oil demand reduction policies, *Energy Research & Social Science,* Volume 11, janeiro de 2016, Páginas 209-224.

[30] Shyi-Min Lu, A low-carbon transport infrastructure in Taiwan based on the implementation of energy-saving measures, *Renewable and Sustainable Energy Reviews,* Volume 58, maio de 2016, Páginas 499-509 doi:10.1016/j.rser.2015.12.242.

[31] CR Fang e SY You, The impact of oil price shocks on the large emerging countries' stock prices: Evidence from China, India and Russia, *International Review of Economics & Finance,* Volume 29, janeiro de 2014, Páginas 330-338.

[32] N Yoshino e V Alekhina, Impacto das flutuações do preço do petróleo numa economia exportadora de energia: Evidence from Russia, *Journal of Administrative and Business Studies,* 2016, 2(4): 156-166.

[33] David L. Greene, Measuring energy security: Can the United States achieve oil independence? *Energy Policy,* Volume 38, Número 4, abril de 2010, Páginas 1614-1621.

[34]   V Alekperov, Oil of Russia: Past, Present and Future, *East View Press,* 2011

[35] James M. Griffin, David J. Teece, OPEC Behavior and World Oil Prices, *Routledge,* Londres e Nova Iorque, 2016.

[36] Rabah Arezki, Olivier Blanchard, The 2014 oil price slump: Seven key questions, VOX CEPR' sPolicyPortal , 13 de janeiro de 2015 , http://voxeu.org/article/2014-oil-price-slump-seven-key-questions (2016.12.20)

[37] Shyi-Min Lu, Análise e avaliação do potencial de poupança de energia nos transportes terrestres de Taiwan, *Case Studies on Transport Policy,* Volume 3, Número 4, 1 de dezembro de 2015, Páginas 468-476. http://dx.doi.org/10.1016/j.cstp.2015.11.003

[38] Shyi-Min Lu, Ching Lu, Falin Chen, You-Ren Wang, Kuo-Tung Tseng, Li-Wen Hsu, Pu-Ti Su, Analysis of Low Carbon Power Infrastructure of Taiwan, *Low Carbon Economy,* pp.1-11, 27 de março de 2013, D01:10.4236/lce.2013.41001, http://www.scirp.org/joumal/lce/

[39] Shyi-Min Lu, Ching Lu, Yu-Shun Huang, Green Transport Infrastructure of Taiwan, *Open Journal of Energy Efficiency,* Vol. 2, No. 2, março de 2013, pp. 16-21. http ://www. scirp. org/j oumal/oj ee

[40] Frank Umbach, Global energy security and the implications for the EU, *Energy Policy,* Volume 38, Número 3, março de 2010, Páginas 1229-1240

[41] Shyi-Min Lu, Yih-Shiaw Huang, Jhy-Ming Lu, Planning an energy-conserving policy for Taiwan based on international examples of success, *Energy Policy* 36 (2008) > pp.2685-2693.

[42] Abbas Varij Kazemi & Xiangming Chen, A China e o Médio Oriente: More Than Oil, *The European Financial Review,* fevereiro - março de 2014, páginas 40-44.

[43] Aaron D. Wood, Charles F. Mason, David Finnoff, OPEC, as Sete Irmãs e o domínio do mercado petrolífero: An evolutionary game theory and agent-based modeling approach, *Journal of Economic Behavior & Organization,* Volume 132, Parte B, dezembro de 2016, Páginas 66-78.

[44] Paasha Mahdavi, Why do leaders nationalize the oil industry? The politics of resource expropriation, *Energy Policy,* Volume 75, dezembro de 2014, Páginas 228-243.

[45] Paasha Mahdavi, Why do leaders nationalize the oil industry? The politics of resource expropriation, *Energy Policy,* Volume 75, dezembro de 2014, Páginas 228-243.

[46] Ragaei El Mallakh, Arábia Saudita: Rush to Development (RLE Economy of Middle East): Profile of an energy economy and investment, *Routledge,* Londres e Nova Iorque, 2014.

[47]   PN Leiby, Estimating the energy security benefits of reduced US oil imports, 2007, Citeseer.

[48] Reese Erlich e Robert Scheer, Iran Agenda: The Real Story of U.S. Policy and the Middle East Crisis, *Routledge,* Londres e Nova Iorque, 2016.

[49] Robert K. Kaufmann, Stephane Dees, Pavlos Karadeloglou e Marcelo Sanchez, Does OPEC Matter? An Econometric Analysis of Oil Prices, The *Energy Journal,* Vol. 25, No. 4 (2004), pp. 67-90.

[50] MacAvoy, P.W., Crude oil prices as determined by OPEC and market fundamentals, Ballinger Publishing Co., Cambridge, MA, 1982.

[51] Ronald A. Ratti, Joaquin L. Vespignani, OPEC and non-OPEC oil production and the global economy, *Energy Economics,* Volume 50, julho de 2015, Páginas 364-378.

[52] N Samargandi, J Fidrmuc, S Ghosh, Desenvolvimento financeiro e crescimento económico numa economia rica em petróleo: O caso da Arábia Saudita, *Modelação Económica,* Volume 43, dezembro de 2014, Páginas 267-278.

[53] J Jouini, Interação de retorno e volatilidade entre os preços do petróleo e os mercados de acções na Arábia Saudita, *Journal of Policy Modeling,* Volume 35, Número 6, novembro-dezembro de 2013, Páginas 1124-1144.

[54] Simone Pulver, Challenged by Carbon: The Oil Industry and Climate Change (revisão), Cambridge: *Cambridge University Press,* https://muse.jhu.edu/article/497039/summary (2016.12.20)

[55] Toby Craig Jones, America, Oil, and War in the Middle East, *Journal of American History,* junho de 2012, http://jah.oxfordjoumals.Org/content/99/1/208.short (2016.12.20)

[56] Shyi-Min Lu, Ching Lu, Falin Chen, Cheng-Liang Chen, Kuo-Tung Tseng, Pu-Ti Su, Análise estratégica de baixo carbono de Taiwan, *Economia de baixo carbono,* 2013, 4, pp.12-24, DOI: 10.4236/lce.2013.41002, http://www.scirp.org/joumal/lce/

[57] Ali Mirchi, Saeed Hadian, Kaveh Madani, Omid M. Rouhani e Azadeh M. Rouhani, World Energy Balance Outlook and OPEC Production Capacity: Implications for Global Oil Security, *Energies* 2012, 5(8), 2626-2651; doi:10.3390/en5082626

[58] A Nakov, G Nuno, Saudi Arabia and the oil market, *The Economic Journal,* Volume 123, Issue 573, December 2013, Pages 1333-1362.

[59] Andreas Heinrich, Heiko Pleines, Introdução: The political economy of the Caspian oil and gas states, *Journal of Eurasian Studies,* Volume 6, Número 2, julho de 2015, Páginas 89-90.

[60] Paul Kubicek, Energy politics and geopolitical competition in the Caspian Basin, Journal of Eurasian Studies, Volume 4, Número 2, julho de 2013, Páginas 171-180.

[61] Michael J. Bradshaw, The progress and potential of oil and gas exports from Pacific Russia, Londres; Nova Iorque: *Routledge,* pp. 211-262.

[62] Benjamin K. Sovacool, Ishani Mukherjee, Conceptualizing and measuring energy security: A synthesized approach, *Energy,* Volume 36, Issue 8, August 2011, Pages 5343-5355. PRES 2010

[63] Eldar M. Eldarov, Edward C. Holland & Magomed-Kamil B. Kamilo, Oil and Gas Production in the Russian Setor of the Caspian Sea: Public Opinion on Development Paths and Consequences, *The Professional Geographer,* Volume 67, 2015 - Issue 3 Pages 342-350.

[64] Paul Hallwood e Stuart Sinclair, Oil, Debt and Development: OPEC in the Third World, Routledge, Londres e Nova Iorque, 1981.

[65] L. Suganthia, Anand A. Samuelb, Energy models for demand forecasting-A review, *Renewable and Sustainable Energy Reviews,* Volume 16, Issue 2, February 2012, Pages 12231240.

[66] U.S. Geological Survey, World Petroleum Assessment, Washington D.C., 2000.

[67] Shyi-Min Lu, Ching Lu, Strategy analysis for the development of a green energy industry: a Taipei case study, *Journal of Cleaner Production,* In Press, 6 de setembro de 2013. http://dx.d0i.0rg/1 0.1016/j .jclepro.2013.08.039

[68] Shyi-Min Lu, May-Yao Huang, Pu-Ti Su, Kuo-Tung Tseng, Falin Chen, Estratégia de desenvolvimento da indústria de energia verde para *Taipei-E* cidade de média dimensão modema, *Política Energética,* Volume 62, novembro de 2013, Páginas 484-492. http://dx.doi.Org/10.1016/j.enpol.2013.08.007

[69] Shyi-Min Lu, Ching Lu, Falin Chen, Cheng-Liang Chen, Kuo-Tung Tseng, Pu-Ti Su, Jia-Lu Sam Chung, Análise de Infra-estruturas de Energia de Baixo Carbono: A Case Study of Taiwan, *International Journal of Energy and Power (IJEP),* Volume 2 Issue 2, maio, 2013, pp.44-55, http://www.ijep.org/AllIssues.aspx

CAPÍTULO 3

Exportação de GNL dos EUA - A maior aposta do século XXI

Nos últimos anos, graças ao rápido desenvolvimento do gás natural a nível mundial, o negócio do GNL passou gradualmente para o lado do comprador. Os preços do GNL (gás natural liquefeito) foram alterados, devido ao grande aumento da oferta. O modelo de contratos "rígidos e de longo prazo (20-25 anos, take or pay)" já não é adequado. Nas situações de baixo preço e baixo lucro no mercado do gás natural, os Estados Unidos podem não ser os vencedores. No entanto, os países da Ásia Oriental, como o Japão, a Coreia do Sul e Taiwan, deverão ser os maiores beneficiários. Por outro lado, a China continental e a Índia, os potenciais grandes compradores, também são vencedores. Os baixos preços do GNL promoverão as classificações de competitividade global dos países da Ásia Oriental. De acordo com os dados, as exportações de GNL dos EUA não alterarão a estrutura energética mundial. É quase impossível que os Estados Unidos se tornem o maior país exportador de GNL do mundo, mas isso terá um efeito a curto prazo na inibição dos preços do GNL. A longo prazo, os preços do petróleo e do gás deverão ser limitados pelo crescimento da procura de dois grandes compradores de GNL, a saber, a China continental e a Índia.

Palavras-chave: Estados Unidos da América; Gás natural liquefeito (GNL); Gás de xisto; Exportação.

1. Avançar

Nas promessas da Convenção-Quadro das Nações Unidas sobre as Alterações Climáticas (CQNUAC) e nas tendências internacionais de redução do carbono, muitos países estão a enfrentar o desenvolvimento das energias renováveis (como a solar, a eólica, a biomassa, etc.) e de outros sistemas energéticos com baixas emissões de carbono. No entanto, devido às limitações do desenvolvimento técnico e da eficiência económica, a maior parte da procura mundial de energia continua a concentrar-se nas energias fósseis, sendo o gás natural uma energia mais limpa e com emissões de carbono relativamente baixas. Devido às restrições de utilização e às caraterísticas físicas, o desenvolvimento do gás natural é mais lento do que o do petróleo, pelo que as actuais reservas disponíveis de gás natural são mais abundantes do que as de petróleo. Prevê-se que, na próxima década, o gás natural se torne um novo favorito do futuro aprovisionamento energético. Graças ao recente sucesso da revolução do gás de xisto nos EUA, o gás natural diversificou o cabaz energético e aumentou significativamente a produção para substituir a maior parte da procura de petróleo nos EUA [1].

2. O sucesso da revolução do petróleo e do gás de xisto nos EUA

A produção comercial americana de petróleo e gás de xisto começou por volta de 2000, inicialmente na área mineira de Barnett, no Texas, e depois outras regiões juntaram-se para desenvolver e produzir significativamente o petróleo e o gás de xisto, formando as sete áreas mineiras de petróleo e gás de xisto, ou seja, Bakken, Eagle Ford, Haynesville, Marcellus, Niobrara, Permian e Utica, como mostra a Fig. 1.

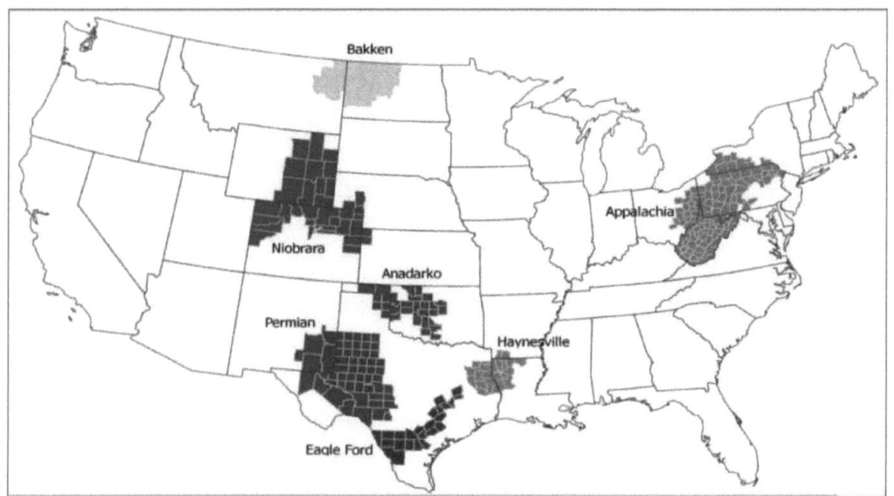

Fig. 1 Ilustração das zonas de extração de petróleo e gás de xisto nos EUA

Fonte: Relatório sobre a produtividade da perfuração, EIA, setembro de 2017,
https://www.eia.gov/petroleum/drilling/pdf/dpr-full.pdf

De acordo com o relatório de perfuração divulgado pela EIA (Energy Information Administration) do DOE (Department of Energy) em julho de 2017, as sete minas de petróleo e gás contribuem com cerca de 92% do crescimento do petróleo bruto e 100% do crescimento do gás natural em 2011-2014. Nos próximos 10 a 20 anos, as produções de petróleo e gás das sete áreas mineiras determinarão o boom ou a escuridão da produção de energia fóssil, bem como o grau de desenvolvimento económico nos EUA [2].

De acordo com a análise, o facto de o gás de xisto dos Estados Unidos se poder desenvolver de forma tão significativa é atribuído às seguintes razões: mercados de petróleo e gás maduros, rápido desenvolvimento e aplicação tecnológica, infra-estruturas sólidas (como condutas de transporte densas e tanques de armazenamento), múltiplos sistemas de serviços integrados e flexíveis, bacias suficientemente numerosas para desenvolver o petróleo e o gás de xisto [3]. Com o amadurecimento gradual de tecnologias como a fracturação hidráulica e a perfuração horizontal, juntamente com o destilado de gás associado ao gás de xisto, as produções de gás natural e de óleo de xisto dos EUA aumentam sincronicamente de ano para ano, mas trazem também novas variáveis para os Estados Unidos e para o mercado mundial da energia [4]. Desde 2007, as produções locais de petróleo e de gás de xisto nos Estados Unidos aumentaram, o que teve um impacto histórico nos mercados mundiais e americanos do petróleo e do gás. De 2009 até à atualidade, a produção de gás natural dos EUA ultrapassou a Rússia, tornando-se a primeira do mundo, como ilustrado na Fig. 2.

Em termos de petróleo, devido à tecnologia inovadora de perfuração de poços para a exploração de gás de xisto, a produção de óleo de xisto aumenta, compensando gradualmente a procura de petróleo dos EUA. Desde 2013, o maior produtor de petróleo do mundo também deixou de ser a Arábia Saudita

Arábia para os Estados Unidos. Para os Estados Unidos, uma redução substancial das importações líquidas de petróleo conduz igualmente a uma alteração súbita da situação da oferta e da procura no mercado, bem como a um desequilíbrio entre a oferta e a procura. A Organização dos Países Exportadores de Petróleo (OPEP) reduziu a produção para responder, de modo que o preço do petróleo bruto caiu abaixo da marca de 100 dólares americanos/barril no final de julho de 2014, depois todo o caminho para baixo, em 20 de janeiro de 2016, os preços do petróleo chegaram a 26,68 dólares americanos/barril e começaram a subir, até agora o preço do petróleo era de cerca de 40-50 por cento do preço máximo (ou seja, WTI, 50,21 dólares americanos/barril, em 31 de julho de 2017), como referido na Fig. 3 e Fig. 4.

No caso do gás natural, a produção de gás de xisto e a sua quota na produção total de gás natural nos nove anos (de 2007 a 2015) aumentaram de 1,9905 triliões de metros cúbicos (8,07%) em 2007 para 15,4759 triliões de metros cúbicos (47,05%) em 2015, devido ao aumento rápido e substancial da oferta de gás de xisto. No total, a produção de gás de xisto aumentou 7,7763 vezes. Em contrapartida, a produção e a quota do gás natural tradicional caíram de 24,6637 triliões de metros cúbicos (60,79%) em 2007 para 9,7848 triliões de metros cúbicos (29,75%) em 2015. A produção de gás de xisto em 2013 excedeu a produção de gás natural tradicional, compensando o declínio da produção de gás natural tradicional, como mostram as Fig. 5 e Fig. 6.

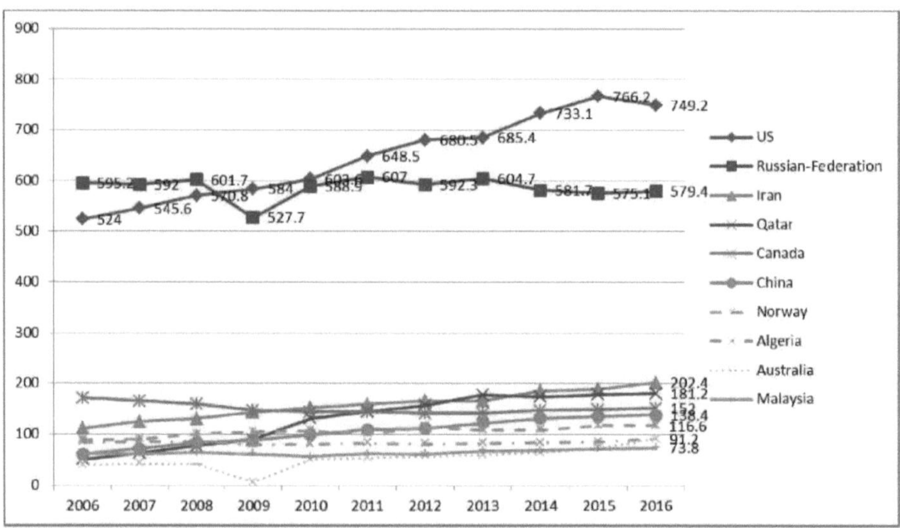

Fig. 2 As dez maiores produções anuais de gás natural no mundo ao longo dos anos (2006-2016)

Unidade: mil milhões de metros cúbicos
Fonte de dados: BP Statistical Review of World Energy, 2017.

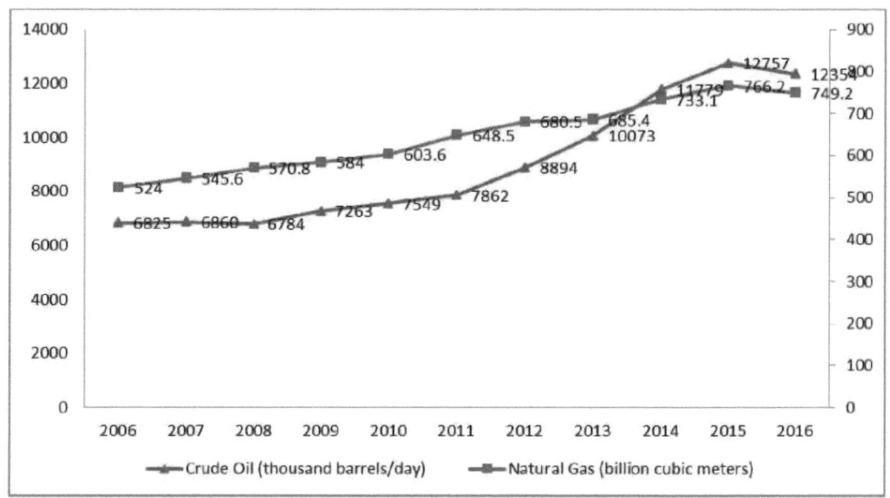

Fig. 3 Produções médias anuais de petróleo bruto e de gás natural nos Estados Unidos ao longo dos anos (2006 - 2016)

Unidade: mil milhões de metros cúbicos/ano (gás natural); milhares de barris/dia (petróleo bruto).
Fonte de dados: BP Statistical Review of World Energy, 2017.

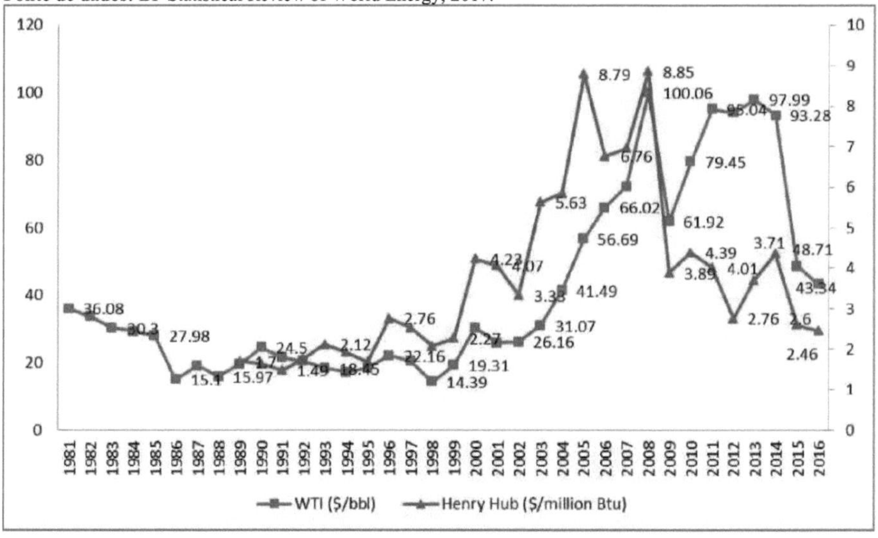

Fig. 4 Preços médios anuais do petróleo bruto (1981-2016) e do gás natural (1989-2016) nos Estados Unidos

Fonte de dados: BP Statistical Review of World Energy, 2017.

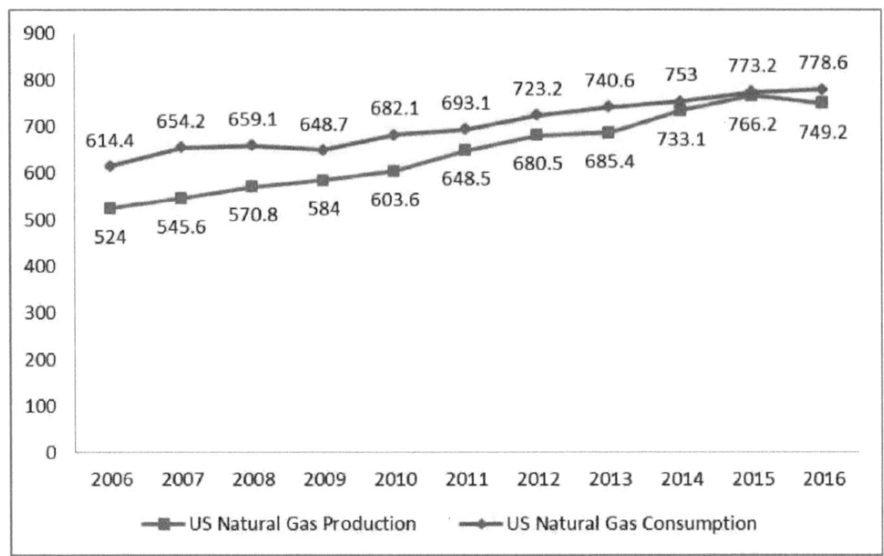

Fig. 5 O total anual de produções e consumos de gás natural nos Estados Unidos ao longo dos anos (2006-2016)

Unidade: mil milhões de metros cúbicos
Fonte de dados: BP Statistical Review of World Energy, 2017.

Graças ao facto de a produção de gás natural nos EUA ter ultrapassado o consumo, bem como ao levantamento das restrições ao transporte, armazenamento e utilização de gás natural, os preços do gás natural caíram acentuadamente, em comparação com os preços do petróleo. O preço do gás natural caiu do máximo médio mensal de 12,69 dólares/MMBtu[7] em junho de 2008 para 1,95 dólares/MMBtu em abril de 2012, quando (abril de 2012) os preços médios mensais do petróleo bruto WTI e do petróleo bruto Brent eram de 103,32 dólares/barril e 119,75 dólares/barril dos níveis mais elevados. Basicamente, as situações do petróleo e do gás são totalmente diferentes, não só existe uma diferença entre o preço do gás e o preço do petróleo, mas também uma diferença entre o petróleo bruto WTI e o petróleo bruto Brent, formando assim o chamado "Efeito do gás de xisto".

---

[7] MMBtu: milhões de unidades térmicas britânicas.

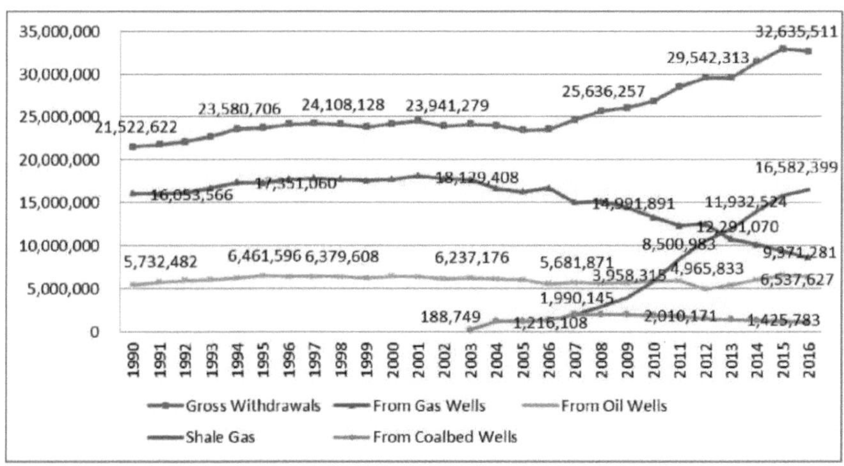

Fig. 6 Produções totais de gás natural com base em várias fontes nos Estados Unidos ao longo dos anos (1990-2016)

Unidade: milhões de pés cúbicos (MMCF)
Fonte de dados: AIA

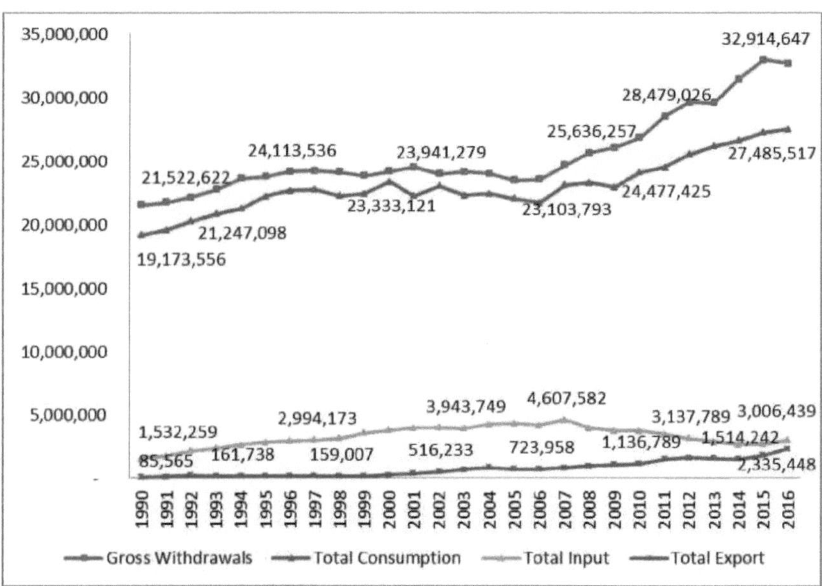

Fig. 7 As produções, consumos, volumes de importação e exportação de gás natural dos EUA ao longo dos anos (1990-2016)

Unidade: milhões de pés cúbicos (MMCF)
Fonte de dados: AIA

Posteriormente, em março de 2016, o preço médio mensal do gás natural caiu para 1,73 dólares americanos/MMBtu, o valor mais baixo desde 1999, enquanto o preço atual (junho de 2017) ainda ronda os 3 dólares americanos/MMBtu. A baixa dos preços do gás a longo prazo e as intermináveis questões ambientais estimularam a utilização do gás natural nos Estados Unidos, especialmente em termos de combustível, como ilustrado na Fig. 7.

No que respeita à produção de eletricidade, desde 2007, a produção de eletricidade a gás tem vindo a substituir gradualmente a produção de eletricidade a carvão. Nessa altura, a produção de eletricidade a carvão era de 2 016 456 GWh (gigawatts-hora), representando 48,51% da produção total de eletricidade, enquanto a produção de eletricidade a gás era de 896 590 GWh, representando 21,57%. Em 2016, a produção de eletricidade a partir do carvão baixou para 1 240 108 GWh, com uma percentagem de 30,40%, enquanto a produção de eletricidade a partir do gás aumentou para 1 380 295 GWh, representando 33,84%. Neste momento, a maior parte da produção de eletricidade a carvão é substituída pela produção de eletricidade a gás. Em 2016, a produção de eletricidade a gás ultrapassou a produção de eletricidade a carvão pela primeira vez na história da produção de eletricidade nos Estados Unidos, como se pode ver no gráfico 8.

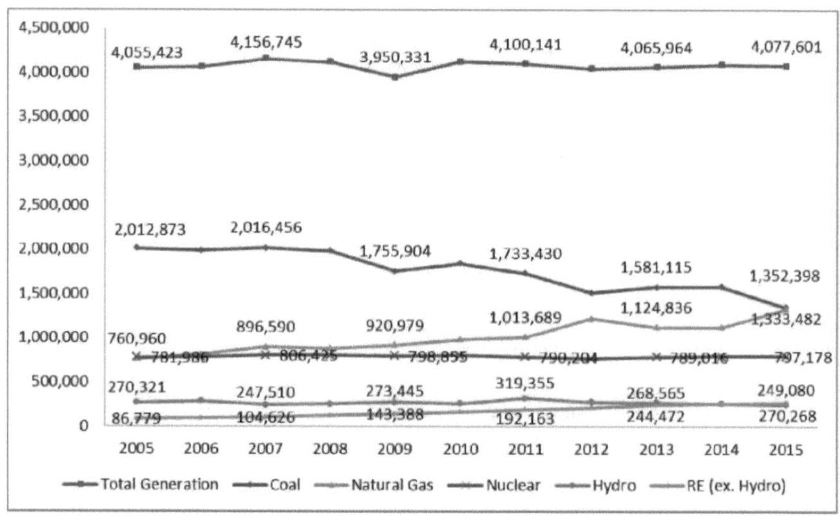

Fig. 8 A produção de eletricidade com base em todas as fontes nos Estados Unidos ao longo dos anos (2005-2015)

Unidade: mil milhões de Watt-hora

Fonte de dados: AIA

O petróleo e o gás de xisto são um tema antigo, mas, de acordo com as estatísticas energéticas, o petróleo e o gás de xisto são a base e a indispensabilidade do atual aprovisionamento energético dos EUA, pelo que é necessário refletir e explorar mais.

3. Os impactos do petróleo e do gás de xisto nos Estados Unidos e no mundo

No que respeita aos Estados Unidos, o êxito da revolução do petróleo e do gás de xisto alterou a estrutura de aprovisionamento de petróleo e de gás dos EUA, bem como a estrutura energética, resultando nos seguintes fenómenos: deixar de estar dependente da importação de petróleo e de gás em grande escala, a redução das despesas em divisas, os baixos preços do petróleo, do gás e de outras matérias-primas relacionadas com a exploração mineira, a redução do custo do consumo de energia, a melhoria dos níveis técnicos, o aumento da competitividade industrial devido à redução dos custos, o desenvolvimento de assuntos económicos relevantes, o aumento dos fluxos de capital e das oportunidades de emprego, etc., que trouxeram os benefícios económicos globais para os Estados Unidos. Em suma, o êxito da revolução do petróleo e do gás de xisto trouxe os seguintes benefícios para os Estados Unidos:

(1) alterar a estrutura de aprovisionamento de petróleo e gás dos EUA, promover o declínio contínuo das importações nacionais de petróleo e gás e reduzir a dependência das importações estrangeiras para o nível mais baixo desde os anos oitenta do século XX;

(2) a grande quantidade de produção de gás natural que dificulta a digestão do mercado e promove o enfraquecimento e a dissociação do mecanismo de ligação dos preços do petróleo e do gás;

(3) estimular a aplicação alternativa e o desenvolvimento tecnológico da energia do gás natural, por exemplo, no sector dos transportes, promovendo assim a substituição do petróleo pelo gás natural;

(4) O aumento da produção de petróleo e de gás conduz à construção de instalações, em termos de transporte, de condutas e de produção, trazendo capital e emprego para as indústrias petroquímicas de elevado consumo de energia, bem como os benefícios positivos do crescimento económico para algumas regiões dos Estados Unidos [5].

Do ponto de vista económico, o petróleo e o gás de xisto alteraram drasticamente a competitividade global dos Estados Unidos, resultando no desequilíbrio da oferta e da procura no mercado petrolífero mundial. De agosto de 2014 a janeiro de 2016, a escala de declínio dos preços do petróleo ultrapassou os 77%. Uma longa descida dos preços do petróleo também alterou a indústria energética mundial, causando uma série de impactos em alguns países petrolíferos e alterando discretamente a geopolítica mundial.

Para os países que importam o petróleo e o gás natural do estrangeiro, como os Estados Unidos e a União Europeia, a descida dos custos da energia e das matérias-primas conexas pôs em evidência as vantagens da tecnologia industrial. Para os países cujas principais fontes de rendimento provêm da produção de petróleo e gás natural, como a Venezuela, a Rússia, o Canadá, o Brasil, a OPEP e outros, a queda dos preços do petróleo e do gás natural trouxe sérios desafios, especialmente em termos de receitas.

Graças ao aumento da produção de petróleo e gás de xisto nos Estados Unidos, até à data, foram gerados muitos efeitos importantes nos Estados Unidos e nos mercados mundiais da energia. No ano passado, a OPEP e a Rússia planearam várias vezes reduzir a produção e os preços do petróleo e do gás, mas o aumento dos preços continua a ser limitado, porque não se trata apenas de uma questão de oferta e procura de petróleo, mas também de uma pressão gradual sobre os preços do petróleo, imposta por uma grande quantidade de oferta de gás natural.

4. A evolução do mercado de GNL nos últimos anos

A produção de gás natural é determinada principalmente pela procura do mercado. A economia global permaneceu lenta em 2016, de modo que a produção global de gás natural aumentou apenas 0,3%, bem abaixo da taxa de crescimento de 2,2% em 2015. Os Estados Unidos recuaram 2,5%, a Rússia teve um pequeno crescimento, e o maior aumento foi de 6,6% pelo Irão, que acabou de levantar as sanções económicas em janeiro de 2016. A China ficou em sexto lugar no mundo, com um aumento de 1,4%, representando 3,9% do total mundial.

Quadro 1 Volumes do comércio internacional de gás natural em 2002-2006

Year	Commodity volume	Trade volume		Pipeline natural gas trade volume		Liquefied natural gas trade volume	
2002	25276	5813.4	23.0%	4313.5	17.1%	1499.9	5.9%
2003	26185	6355.4	24.3%	4667	17.8%	1688.4	6.5%
2004	26916	6800.1	25.3%	5020.6	18.7%	1779.5	6.6%
2005	27630	7214.6	26.1%	5326.5	19.3%	1888.1	6.8%
2006	28653	7481.4	26.1%	5370.6	18.7%	2110.8	7.4%
2007	29400	7760.8	26.4%	5496.7	18.7%	2264.1	7.7%
2008	30656	8137.7	26.6%	5872.6	19.2%	2265.1	7.4%
2009	29870	8765.4	29.3%	6337.7	21.2%	2427.7	8.1%
2010	31933	9752.2	30.5%	6775.9	21.2%	2976.3	9.3%
2011	32762	10254	31.3%	6946	21.2%	3308	10.1%
2012	33639	10334	30.7%	7055	21.0%	3279	9.7%
2013	33905	10359	30.6%	7106	21.0%	3253	9.6%
2014	34606	9972	28.8%	6639	19.2%	3333	9.6%
2015	35386	10424	29.5%	7041	19.9%	3383	9.6%
2016	35516	10841	30.5%	7375	20.7%	3466	9.8%

Unidade: cem milhões de metros cúbicos (1 tonelada de GNL=1,360m de GN)
Fonte de dados: BP Statistical Review of World Energy 2017, Relatório Anual GIIGNL 2017,
http://www.trqgy.com/courier/201707/30388.html

O GNL é um membro da família do gás natural. Devido à necessidade de tratamento, armazenamento e transporte especiais, o preço de mercado é elevado. Os principais domínios de aplicação do GNL são o combustível urbano, o sector automóvel, a eletricidade, a indústria, as empresas, etc. A cadeia de exportação de GNL requer equipamento especial, condutas, tanques de armazenamento e um elevado grau de gestão da segurança. O custo de investimento é o mais dispendioso. Geralmente, uma certa percentagem de fontes fixas de clientes a longo prazo é a condição prévia para a

construção de uma estação de exportação de GNL, o que representa um importante desenvolvimento da indústria de GNL para o país.

Em termos de comércio de GNL, registaram-se poucas alterações no volume do comércio internacional de GNL entre 2011 e 2014. Em 2012 e 2013 registaram-se crescimentos negativos, tendo-se verificado um aumento em 2014-2016. No entanto, em termos de volume total de comércio de gás natural, registou-se um aumento. Obviamente, a utilização do gás natural tornou-se cada vez mais alargada e estável.

De acordo com as estatísticas, o volume do comércio mundial de gás natural em 2016 foi de 1 084,1 mil milhões de metros cúbicos, um recorde. O volume de comércio de gás natural canalizado foi de 737,5 mil milhões de metros cúbicos, enquanto o volume de comércio de GNL foi de 346,6 mil milhões de metros cúbicos (cerca de 254,85 milhões de toneladas), tendo ambos atingido um nível recorde. Devido ao custo e à consideração da segurança das caraterísticas físicas do GNL, as transacções globais de gás natural continuam a ser dominadas pelo gás canalizado, como se descreve no Quadro 1.

Em 2016, o volume total de GNL transaccionado a nível mundial atingiu 258,0 milhões de toneladas, com um aumento de 13,1 milhões de toneladas em relação a 2015 e um novo recorde para o comércio mundial de GNL (ver Fig. 9). No entanto, este recorde estava prestes a ser quebrado repetidamente ao longo dos próximos anos, à medida que novas instalações de liquefação fossem ficando operacionais. O crescimento anual de 13,1 milhões de toneladas marcou o nível mais elevado desde 2011.

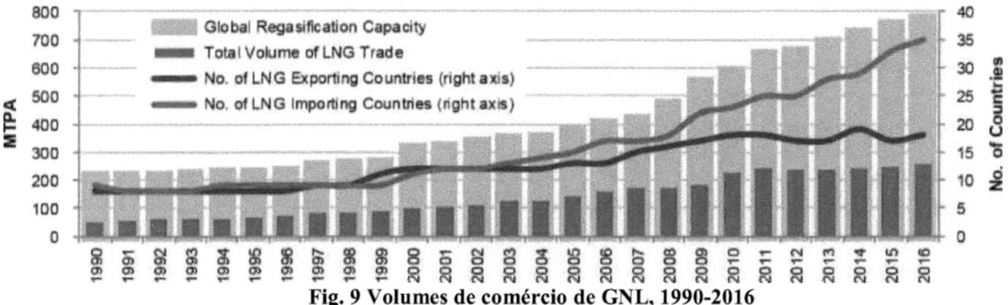

Fig. 9 Volumes de comércio de GNL, 1990-2016

Nota: MTPA = milhões de toneladas por ano **Fontes:** IHS Markit, AIE, IGU

Embora o GNL tenha registado uma taxa de crescimento anual mais elevada nos últimos 15 anos do que a produção global para consumo interno ou as exportações internacionais por gasoduto, grande parte do impressionante crescimento concentrou-se na primeira década, com o comércio por gasoduto a apresentar uma taxa de crescimento semelhante à do GNL nos últimos anos (ver Fig. 10). Entre 2010 e 2015, a taxa média de crescimento do comércio de GNL abrandou para apenas 2,1%, aproximadamente ao mesmo nível da produção nacional (1,9%) e do comércio por gasoduto (0,8%). Em 2015, a quota do GNL no comércio mundial diminuiu ligeiramente, mantendo-se em cerca de 9,8%, enquanto a quota do gasoduto no comércio de gás aumentou para 20,3%, ajudada pelos níveis historicamente elevados de exportações por gasoduto da Rússia e da Noruega

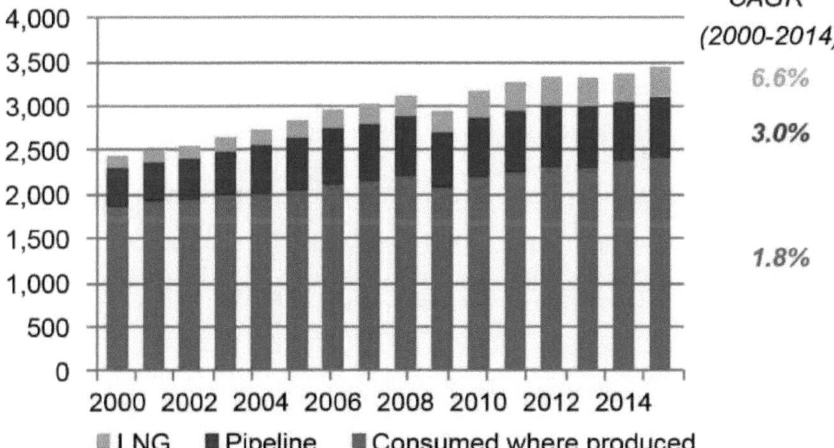

Fig. 10 Comércio global de gás, 2000-2015 Nota: CAGR = Taxa de crescimento anual composta **Fontes:** IHS Markit. BP Statistical Review of World Enerev

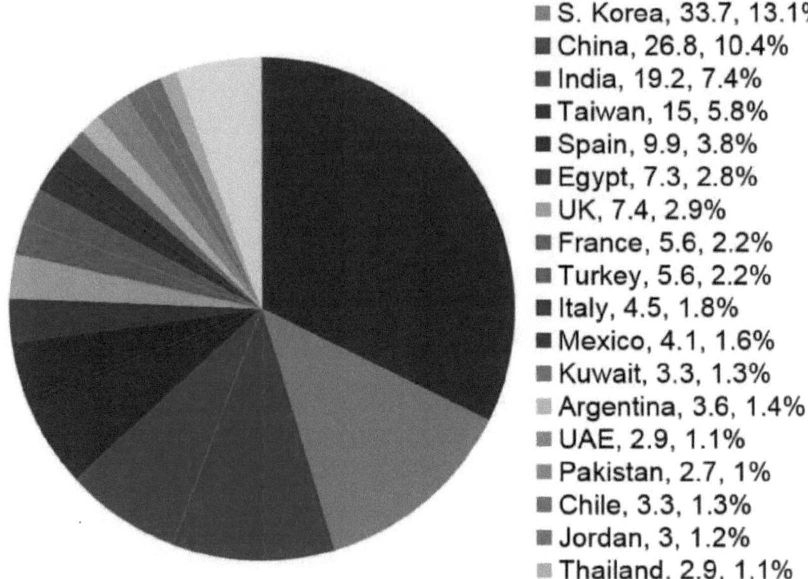

**Fig. 11 Importações de GNL e quota de mercado por país em
2016 Unidade:** MTPA = milhões de toneladas por ano
Fontes: IHS Markit, IGU

Ao longo dos anos, os principais consumidores globais de GNL situam-se na região da Ásia-Pacífico. Em 2016, os cinco maiores consumidores de GNL são o Japão, a Coreia do Sul, a China continental, a Índia e Taiwan (ver Fig. 11). As suas importações de GNL representam cerca de 67,9% do total mundial. Entre todos os países importadores de GNL, o Japão, o Reino Unido, a Argentina, o México e os Estados Unidos estão a diminuir, enquanto o Brasil é o que mais diminui, devido a disputas económicas e políticas, e a China e a França são os dois compradores de GNL que mais crescem no mundo (ver Quadro 2 e Quadro 3).

Quadro 2 Os principais exportadores de GNL do mundo nos últimos anos

No.	Country	2013 export volume	2014 export volume	2015 export volume	2016		
					Export volume	Increase percentage than 2015	Global percentage
1	Qatar	1056	1034	1064	1044	-1.9%	30.1%
2	Australia	302	316	398	568	42.7%	16.4%
3	Malaysia	338	339	342	321	-6.1%	9.3%

4	Nigeria	224	256	275	237	-13.8%	6.8%
5	Indonesia	224	217	219	212	-3.2%	6.1%
6	Algeria	149	173	162	159	-1.9%	4.6%
7	Trinidad	198	193	170	143	-15.9%	4.1%
8	Russia	142	145	145	140	-3.4%	4.0%
9	Oman	115	106	102	106	3.9%	3.1%
10	Papua New Guinea	0	47	97	104	7.2%	3.1%
11	United States	1	2	8	44	450%	1.3%
	World total	3253	3333	3383	3466	2.5%	100%

Unidade: cem mil metros cúbicos (1 tonelada de GNL=1,360m de GN)
Extraído de: http://www.trqgy.com/courier/201707Z30436.html
Fontes de dados: BP Statistical Review of World Energy 2017; Relatório Anual GIIGNL 2017.

Na China continental, a dependência do petróleo atingiu 65% em 2016, o que significa que 2/3 do consumo de petróleo na China continental depende das importações. A continuação da melhoria das importações de petróleo é limitada. Para evitar uma influência substancial da oferta de petróleo, para além da diversificação das fontes de abastecimento de petróleo, a importação de gás natural para substituir algumas funções do petróleo tornou-se uma estratégia importante. A China importou 25,22 milhões de toneladas de GNL em 2016. A dependência do petróleo na Índia é de 80%, o que mostra significativamente a importância da procura de outros combustíveis alternativos no futuro. Nas exportações globais de GNL, as maiorias concentram-se no Médio Oriente, Ásia-Pacífico, África, Rússia e outras regiões. O Médio Oriente e a Ásia-Pacífico são as principais regiões de abastecimento de GNL. Em 2016, os cinco principais países exportadores de GNL do mundo são o Qatar, a Austrália, a Malásia, a Nigéria e a Indonésia. As suas exportações de GNL representam cerca de 68,9% do total mundial. Estas classificações mantêm-se inalteradas há quase dois anos. A Austrália regista a taxa de crescimento mais rápida. A diminuição das exportações de GNL provém principalmente de três países: na Tailândia, as exportações de GNL diminuem cerca de 2 milhões de toneladas devido ao declínio da produção interna de gás natural; na Nigéria e no Iémen, devido à instabilidade política interna, à suspensão da produção e à recessão das exportações, as exportações de GNL diminuem 1,8 milhões de toneladas e 1,5 milhões de toneladas, respetivamente.

Quadro 3 Os principais importadores mundiais de GNL nos últimos anos

No.	Country	2013 import volume	2014 import volume	2015 import volume	2016		
					Import volume	Increase percent than 2015	Global percentage
1	Japan	1190	1206	1180	1085	-8.1%	31.3%
2	South Korea	542	511	437	439	0.5%	23.7%

3	**Mainland China**	245	271	262	343	30.9%	9.9%
4	**India**	178	189	217	225	3.7%	6.5%
5	**Taiwan**	172	181	187	195	4.3%	5.6%
6	**Spain**	149	155	131	132	0.8%	3.8%
7	**United Kingdom**	93	113	128	105	-18.0%	3.0%
8	**France**	87	71	66	97	47.0%	2.8%
9	**Mexico**	78	93	71	59	-16.9%	1.7%
10	**Argentina**	69	65	58	52	-10.3%	1.5%
11	**Brazil**	51	79	71	30	-57.7%	0.9%
12	**United States**	27	17	26	25	-3.8%	0.7%
	World total	3253	3333	3383	3466	2.5%	100%

Unidade: cem milhões de metros cúbicos (1 tonelada de LNG = 1,360m^3 NG) **Abstraído de:** http://www.trqgy.com/courier/201707/30436.html **Fontes de dados:** BP Statistical Review of World Energy 2017; Relatório Anual GIIGNL 2017.

Em 2016, ao exportar 76.764,7 mil toneladas de GNL, o Qatar manteve o domínio da exportação de GNL no mundo por mais de 10 anos, mas nos últimos anos, a quota de mercado global de GNL do Qatar caiu para cerca de 30%. A Austrália, o segundo maior país exportador de GNL, ainda está muito atrás do Qatar (ver Fig. 12). É de referir que o principal aumento das exportações de GNL em 2016 foi registado principalmente na Austrália e nos Estados Unidos. O novo volume de exportação da Austrália, 12,50 milhões de toneladas, que representou 74% do incremento global de GNL, foi o maior aumento nos países produtores globais. Além disso, o novo volume de exportação dos EUA, 2,647 milhões de toneladas, representou cerca de 12% do crescimento global.

Em 2017, a Austrália e os Estados Unidos terão mais estações de exportação de GNL a entrar em funcionamento. As quatro linhas de produção de GNL da Austrália aumentarão a sua capacidade em 18,6 milhões de toneladas. Na sequência do funcionamento de duas novas linhas de produção de GNL, os Estados Unidos aumentarão a sua capacidade em 6,15 milhões de toneladas. Prevê-se que a produção mundial de GNL volte a aumentar.

Além disso, Angola e o Egito retomaram a produção de GNL em meados de 2016. Angola poderá estar a produzir em pleno em 2017. O número de exportadores mundiais de GNL em 2016 voltou a ser de 18 países, o que não inclui o desenvolvimento do campo de super gás do Irão em South Pars, nem o desenvolvimento do campo de gás gigante do Egito (850 mil milhões de metros cúbicos) em Zohr.

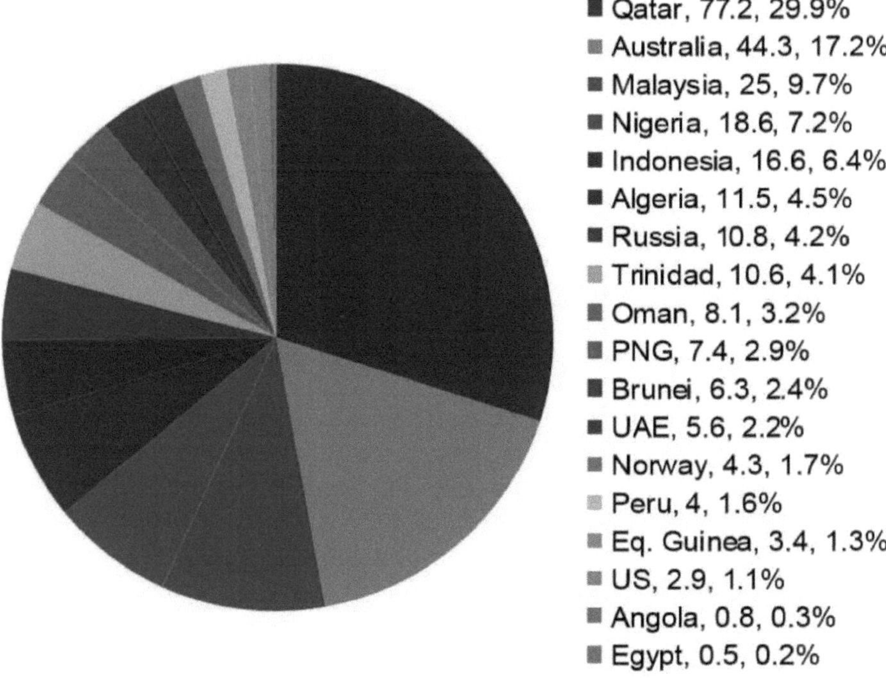

Figura 12 Exportações de GNL e quota de mercado por país em 2016
Unidade: MTPA = milhões de toneladas por ano

Em geral, a fraqueza económica global afecta a procura mundial de GNL. O crescimento do GNL em 2016 foi de apenas 2,5%, com um aumento de 1,5% em relação a 2015, mas não pode ser comparado com o aumento de 10% registado nos últimos 10 anos. O maior exportador de GNL do mundo continua a ser o Qatar. Embora a produção de GNL da Austrália aumente significativamente, chegando a 42,7%, em termos de abundância de recursos, a Austrália ainda perde para o Qatar. Como consumidores tradicionais de GNL, o Japão, a Coreia do Sul, a China e a Índia

importam 60,4% das importações mundiais de GNL (ver quadro 3). A exportação de GNL dos EUA atraiu a atenção dos media. No entanto, os EUA também importam GNL. Em 2016, as exportações líquidas de GNL dos EUA foram de 1,9 mil milhões de metros cúbicos (4,4-2,5=1,9), ocupando a posição 11th no mundo (ver Quadro 2 e Quadro 3).

Os elementos de desenvolvimento da indústria de exportação de GNL, tais como equipamento, portos, tanques de armazenamento, gasodutos, etc., necessitam de investimentos dispendiosos (ver Fig. 13). Os custos das instalações variam muito e dependem da localização, da capacidade, do processo de liquefação (incluindo a escolha do compressor), do número de tanques de armazenamento, do acesso a mão de obra qualificada e dos custos regulamentares e de licenciamento. São necessárias grandes quantidades de aço, cimento e outros materiais a granel. O investimento no processamento do gás varia consoante a composição do recurso a montante. O tratamento do gás inclui o gás ácido, os líquidos de gás natural (LGN) e a remoção de mercúrio, bem como a desidratação. A Fig. 13 inclui informação adicional sobre os custos médios dos projectos de liquefação por componente de construção e categoria de despesa. Uma vez iniciado o investimento, é difícil pará-lo. Se os Estados Unidos quiserem digerir a produção excessiva de gás natural, a exportação de GNL é uma boa opção, mas a exportação de energia precisa de considerações holísticas. Para obter um lucro elevado e uma remuneração elevada, é necessário um maior planeamento e cálculo. É provável que os Estados Unidos venham a perturbar o mercado mundial de GNL, embora não haja qualquer benefício para si próprios.

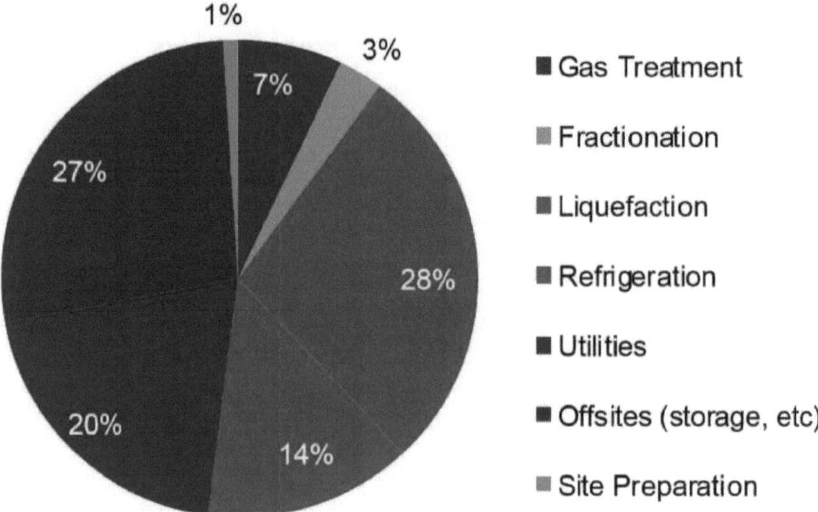

Fig. 13 Repartição do custo médio do projeto de liquefação por categoria de despesas

Fonte: Instituto de Estudos Energéticos de Oxford

Tabela 4 Os preços do gás natural dos principais países ao longo dos anos (1984-2016)

Year	Japan (cif)	Germany (cif)*	United Kingdom (Heren NBP Index)*	United States (Henry Hub) †	Canada (Alberta)‡	OECD (cif)
1990	3.64	2.78	-	1.64	1.05	3.82
1991	3.99	3.23	-	1.49	0.89	3.33
1992	3.62	2.70	-	1.77	0.98	3.19
1993	3.52	2.51	-	2.12	1.69	2.82
1994	3.18	2.35	-	1.92	1.45	2.70
1995	3.46	2.43	-	1.69	0.89	2.96
1996	3.66	2.50	1.87	2.76	1.12	3.54
1997	3.91	2.66	1.96	2.53	1.36	3.29
1998	3.05	2.33	1.86	2.08	1.42	2.16
1999	3.14	1.86	1.58	2.27	2.00	2.98
2000	4.72	2.91	2.71	4.23	3.75	4.83
2001	4.64	3.67	3.17	4.07	3.61	4.08
2002	4.27	3.21	2.37	3.33	2.57	4.17
2003	4.77	4.06	3.33	5.63	4.83	4.89
2004	5.18	4.30	4.46	5.85	5.03	6.27
2005	6.05	5.83	7.38	8.79	7.25	8.74
2006	7.14	7.87	7.87	6.76	5.83	10.66
2007	7.73	7.99	6.01	6.95	6.17	11.95
2008	12.55	11.60	10.79	8.85	7.99	16.76
2009	9.06	8.53	4.85	3.89	3.38	10.41
2010	10.91	8.03	6.56	4.39	3.69	13.47
2011	14.73	10.49	9.04	4.01	3.47	18.56
2012	16.75	10.93	9.46	2.76	2.27	18.82
2013	16.17	10.73	10.64	3.71	2.93	18.25
2014	16.33	9.11	8.25	4.35	3.87	16.80
2015	10.31	6.72	6.53	2.60	2.01	8.77
2016	6.94	4.93	4.69	2.46	1.55	7.04

* **Fonte de dados:** 1984-1990 Serviço Federal de Estatística alemão, 1991-2016 Serviço Federal Alemão de Economia e Controlo das Exportações (BAFA)

t **Fonte de dados:** ICIS Heren Energy Ltd.

J **Fonte de dados:** Energy Intelligence Group, Natural Gas Week.

Unidade de dados: Dólar americano/milhão de Btu (MMBtu)

Nota: Btu = unidades térmicas britânicas; cif = custo + seguro + frete (preços médios)

Fontes de dados: BP Statistical Review of World Energy 2017, Relatório Anual GIIGNL 2017.

Das afirmações acima, podemos resumir que, a curto prazo, o crescimento da oferta global de GNL excede o crescimento da procura. Isto significa que, nos próximos anos, não haverá escassez de oferta de GNL no mundo. Entretanto, a falta de compradores fixos de GNL será um dos factores importantes para que os preços do GNL sejam difíceis de reverter em 2018-2020.

Em agosto de 2016, Sato Hiroko, vice-presidente do importador de GNL, Jera Co. Ltd. no Japão, salientou que, até 2020, 40 a 50 milhões de toneladas métricas de GNL não conseguiriam encontrar um comprador fixo no mundo, o que também tornaria os mercados asiático e mundial de GNL mais voláteis. Muitos analistas prevêem que, no futuro, devido ao aumento dos fornecimentos de GNL dos Estados Unidos, da Austrália e de outros países, os preços do GNL serão mais baixos.

Como mostra o quadro 4, os preços do GNL nos últimos anos estão a diminuir. Devido ao facto de as estações de GNL continuarem a ser construídas, o gás natural está em excesso de oferta. No Japão, por exemplo, o preço de importação do GNL desceu de 16,17 dólares americanos/MMBtu em 2013 para 6,94 dólares americanos/MMBtu em 2016; a descida média em três anos foi de 57,50%. Ao mesmo tempo, o preço médio de importação de GNL na Alemanha caiu de 10,73 dólares americanos/MMBtu para 4,93 dólares americanos/MMBtu; a escala de declínio foi de 54,05%. A indústria de GNL de preços e lucros elevados do passado já não era gloriosa e não mudaria nos próximos anos.

5. A exportação de GNL dos EUA

Devido ao rápido aumento da produção de gás de xisto, não só os Estados Unidos aumentam o consumo interno de gás natural, como também o desequilíbrio entre a oferta e a procura conduz a preços baixos do gás natural, resultando relativamente na diminuição dos custos da produção de eletricidade a partir do gás. De acordo com as últimas estatísticas divulgadas pela AIE[8] em agosto de 2016, o preço da eletricidade residencial nos EUA ocupa o sétimo lugar no mundo, enquanto o preço da eletricidade industrial ocupa mesmo o último terço.

O efeito da energia alternativa do gás natural tem, antes de mais, um impacto na indústria do carvão dos EUA. Em 2015 e 2016, as produções de carvão do mundo e dos EUA registaram o maior declínio dos últimos anos. Nos Estados Unidos, por exemplo, o consumo de carvão passou de 574,46 MTOE[9] em 2005 para 358,43 MTOE em 2016, com uma redução significativa de 37,61%, o que não conseguiu desvincular-se da produção em grande escala de gás natural, como ilustrado na Fig. 14 [6, 7].

---

[8] AIE: Agência Internacional da Energia
[9] MTOE: milhões de toneladas equivalentes de petróleo

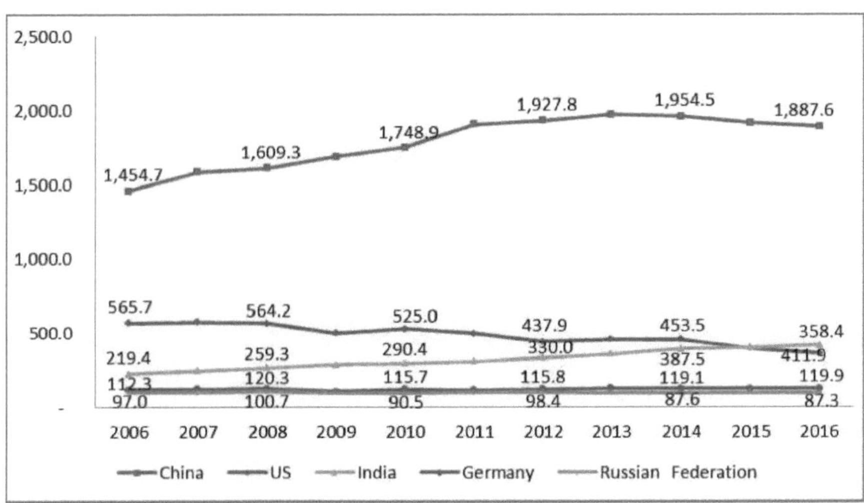

Fig. 14 Os cinco principais países consumidores de carvão no mundo ao longo dos anos (2006-2016)

Unidade: milhões de toneladas equivalentes de petróleo
Fonte de dados: BP Statistical Review of World Energy, 2017.

Assim, para além de aumentar o consumo interno de gás natural, a exportação de GNL torna-se também uma opção importante para aliviar a sobreprodução de gás natural nos Estados Unidos. Desde maio de 2015, os Estados Unidos começaram a aumentar as exportações de GNL, cerca de 56% destes gases naturais provenientes do gás de xisto, não só fazendo com que os Estados Unidos passassem de países importadores de GNL a potenciais exportadores, mas também alterando o padrão de oferta e procura de gás natural e GNL na América do Norte.

Antes de 2007, os Estados Unidos começaram a planear a exportação de GNL. A maioria das estações de exportação de GNL foram adaptadas a partir das estações de importação de GNL anteriores. Estas estações de GNL tornaram-se naturalmente as bases de gás natural para a importação, produção, exportação e outras funções. Já em 1969, os Estados Unidos contavam principalmente com o Terminal de Exportação de GNL de Kenai, na Península do Sinai, no Alasca, para fornecer ao Japão uma pequena quantidade de GNL. Em 2013, os Estados Unidos tinham apenas uma pequena quantidade de exportações de GNL. Com a conclusão das estações de exportação de GNL locais, em 24 de fevereiro de 2016, o Departamento de Energia dos EUA anunciou a exportação oficial de GNL para o Brasil. A Asia Vision LNG (Chevron) carregou 163.000m^3 LNG no porto de Sabine Pass LNG, Cheniere. Este facto constituiu um marco importante na história da exportação de gás natural dos EUA. O total de GNL exportado em 2016 foi de cerca de 2,9 milhões de toneladas, o que indica que os Estados Unidos já têm parte da sua capacidade de independência energética e podem mesmo efetuar o seu comércio externo de energia, especialmente no sector do gás natural [8].

Em termos de mercado global, a diferença entre o petróleo de xisto e o gás de xisto nos Estados Unidos é que, atualmente, a produção de petróleo de xisto apenas consegue reduzir a dependência do petróleo importado, enquanto o gás de xisto produzido nos Estados Unidos não só satisfaz plenamente as necessidades locais de gás natural, como também começa a exportar para o estrangeiro. Neste caso, os preços do petróleo e do gás sofrerão danos mais graves do que os do petróleo de xisto.

De acordo com o relatório da EIA, em novembro de 2016, as exportações de gás natural foram de 210 milhões de metros cúbicos por dia, enquanto as importações foram de 198 milhões de metros cúbicos por dia. Esta é a primeira vez nos Estados Unidos em 60 anos, quando a exportação de gás natural é maior do que a importação. Os Estados Unidos tornaram-se um exportador líquido mensal de gás natural, estabelecendo mais uma vez um novo marco no petróleo e gás de xisto, que também marcará o facto de os Estados Unidos se tornarem um exportador líquido anual de gás natural em 2017 [9].

De acordo com as estatísticas relativas ao futuro próximo, prevê-se que os Estados Unidos tenham sete portos exportadores de GNL e 16 linhas de produção até ao final de 2020. A capacidade total em funcionamento rondará os 253,5 milhões de metros cúbicos por dia. De acordo com as previsões da EIA, quando as exportações de GNL dos EUA atingirem 68,05 milhões de toneladas/ano (cerca de 92,584 mil milhões de metros cúbicos), os Estados Unidos tornar-se-ão o terceiro maior exportador de GNL do mundo, em comparação com os 1 908 mil milhões de metros cúbicos de exportação líquida de gás natural da Rússia em 2016. No futuro, os Estados Unidos exercerão um certo grau de repressão sobre os preços do mercado mundial do petróleo e do gás. Por exemplo, as subidas e descidas dos preços do petróleo de 2003 a 2014 serão raras nos próximos anos [10-12].

No futuro, a utilização extensiva do gás natural provocará basicamente a renovação e a utilização da tecnologia do gás natural. A era do desenvolvimento energético do gás natural está a aproximar-se. A abertura da cortina continuará a restringir os preços internacionais do petróleo, a mudar a aparência do desenvolvimento energético global e a reajustar os preços desequilibrados do petróleo e do gás desde 2011.

Em 2015-2016, o inverno quente e o excesso de oferta de gás natural levaram os preços do gás natural nos EUA a cair. No entanto, esta situação será melhorada devido à exportação de GNL dos EUA. A curto e médio prazo, os preços internacionais do GNL podem ser difíceis de aumentar. Além disso, quando o consumo interno de gás natural deixar de ser a única opção, os preços do gás no mercado interno dos EUA em 2017-2018 deverão ser gradualmente fixados, mas para o consumo de gás natural da indústria, esta não é uma boa notícia, especialmente para a produção de eletricidade, quando o petróleo e o gás de xisto dos EUA deixarem de ser uma indústria que beneficia todas as pessoas [13].

6. As preocupações com a exportação de GNL dos EUA

A exportação de GNL dos EUA suscita muitas preocupações. Estas preocupações podem ser resumidas da seguinte forma:

Preocupação A: A capacidade global de GNL em construção é muito maior do que o consumo atual de GNL, o que torna a estabilidade dos preços instável, afectando subsequentemente o mercado do petróleo e do gás.

De acordo com os dados de 2017 da UGI, no início de 2017, existiam 78 estações de exportação de GNL a nível mundial. A capacidade de produção (ou seja, 343,98 milhões de toneladas) excedeu significativamente a procura efectiva. Se forem concluídas 28 estações de exportação de GNL até 2020, a capacidade de produção de GNL aumentará um terço, ou seja, 114,55 milhões de toneladas (155,7,88 mil milhões de metros cúbicos). Este crescimento da capacidade é muito superior ao crescimento da procura nos últimos anos. O desequilíbrio entre a oferta e a procura terá impacto nos preços mundiais do gás natural e na estabilidade do mercado mundial do petróleo. O baixo preço do gás natural irá inibir os preços do petróleo, melhorar as tecnologias energéticas, expandir os níveis de aplicação e alterar as estruturas do mercado do petróleo e do gás a longo prazo. O facto de a exportação de GNL se expandir tanto é, basicamente, uma grande aposta nos mercados globais do gás natural e do petróleo (ver Fig. 15).

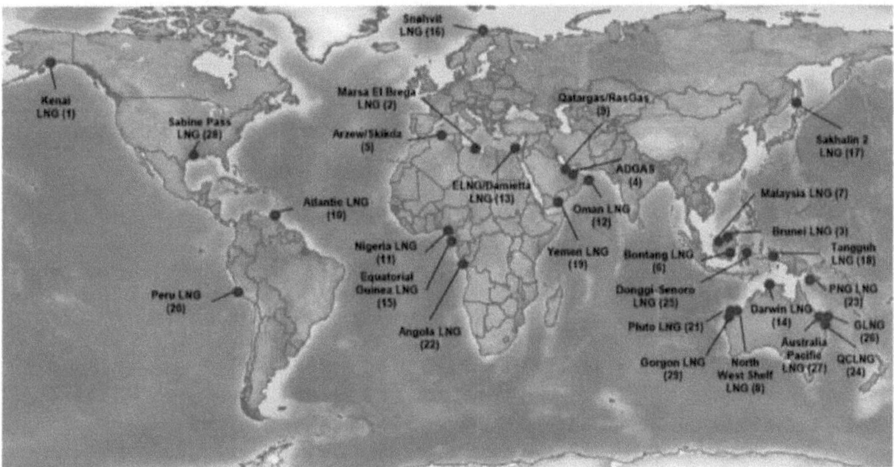

Fig. 15 Instalações globais de liquefação, a partir de janeiro de 2017
Fonte: IGU

Preocupação B: A expansão da capacidade global de produção de GNL depende da promoção do consumo de GNL, que também depende do apoio dos países à indústria de GNL.

O consumo de GNL é a melhor forma de resolver o problema do excesso de capacidade de GNL. No entanto, não é barato investir nas estações de receção de GNL e nos gasodutos de transporte e consumo. A utilização de GNL não pode ser formada sem as necessidades económicas suficientes e uma certa infraestrutura de gás natural. Entretanto, o atual potencial consumidor de GNL é seriamente insuficiente. A maior parte dos países do mundo está em fase de desenvolvimento económico e tem sérias carências de energia. Em contrapartida, os consumidores de GNL devem ter uma certa capacidade económica.

Nas últimas décadas, a região da Ásia-Pacífico é a área mais exigente do mundo, cuja proporção é de cerca de 70% (180 milhões de toneladas métricas), liderando o mercado mundial de GNL. De acordo com as estatísticas, as importações de GNL dos dois principais países - Japão e Coreia do Sul - podem diminuir ou estabilizar-se no futuro. A procura mundial de GNL pode ser difícil de aumentar ainda mais. No entanto, pode depender do consumo

crescimento da China continental, da Índia, do Sudeste Asiático e de outros países. De um modo geral, para além de um melhor ambiente económico nacional, é também necessário um equilíbrio entre a oferta e a procura. Para além da construção completa das infra-estruturas da indústria do gás natural, é também muito importante apoiar a indústria do GNL no seu conjunto.

Preocupação C: o capital de gás natural dos EUA está em falta e o crescimento futuro da oferta de GNL é limitado.

De acordo com o relatório da BP divulgado em junho de 2017, as reservas de gás natural dos EUA, classificadas em quinto lugar no mundo, também são ricas. Nos últimos anos, os Estados Unidos, o maior produtor de gás natural do mundo, em 2016, produziram um total de 924,471 mil milhões de metros cúbicos (produção total), representando 21,1% do total mundial, 2,5% inferior a 2015. Mas, os Estados Unidos, também o maior consumidor de gás natural do mundo, consumiram um total de 778,448 bilhões de metros cúbicos (consumo total) em 2016, representando 22,0% do total global. Quando a produção total subtrai o consumo total, mostra que até 146,022 mil milhões de metros cúbicos (húmidos) podem ser utilizados como exportações de GNL para os EUA, representando 42,13% do volume global do comércio de GNL em 2016. Se o cálculo for efectuado com base na produção do mercado dos EUA (801,223 mil milhões de metros cúbicos), apenas 22,775 mil milhões de metros cúbicos estão disponíveis, o que equivale apenas a 6,57% do volume do comércio mundial de GNL em 2016, representando uma proporção muito escassa. Se a produção seca (749,44 mil milhões de metros cúbicos) não foi suficiente para uso doméstico, muito menos para a exportação de GNL.

De acordo com a última análise de dados, a exportação de GNL dos EUA não será suficiente para abalar a estrutura do mercado global de GNL, sendo mais improvável que altere a ecologia energética mundial. Por conseguinte, se imaginarmos que os Estados Unidos se tornarão o maior país exportador de GNL do mundo, o capital não é suficiente [14].

Não se pode deixar de pensar que, na situação de não afetar a utilização do gás natural local, que quantidade de gás natural que resta nos Estados Unidos em cada ano pode ser fornecida para exportação para o estrangeiro (como a Europa)? Se a exportação não for tão fácil como se esperava, a questão é saber como recuperar o enorme investimento nos pontos de exportação. No atual contexto de preços baixos, não é otimista quanto às circunstâncias dos próximos anos. A questão do lucro ou não é preocupante. Se a utilização do gás natural local for transferida para a exportação para o estrangeiro, devido ao montante implementado para o cumprimento do contrato de exportação, os preços do gás local aumentarão acentuadamente, provocando graves impactos na economia local, que não consegue resolver o grave problema da dívida nacional (cerca de 19,978 biliões de dólares americanos em 21 de agosto de 2017). É provável que a indústria de GNL dos EUA caia num dilema que levará algum tempo a resolver.

Preocupação D: Se o potencial de crescimento interno do gás natural for limitado, quando a fonte for insuficiente, isso afectará o desenvolvimento industrial.

O sector do gás de xisto nos Estados Unidos desenvolveu-se durante 15 anos. Quando a produção atinge um pico que não pode ser quebrado, apresenta uma tendência para a baixa. Em 2016, tanto a produção de gás natural como a de petróleo dos EUA diminuíram, em comparação com 2015, o que indica que o mercado está a mudar. Isto pode estar relacionado com os preços globais do petróleo que caíram para o fundo em 2016 (WTI: 26,63 dólares americanos/barril; Brent: 26,01 dólares americanos/barril, em 20 de janeiro de 2016), mas as produções globais de petróleo e gás nas sete minas de petróleo e gás estão a diminuir. Se o desenvolvimento do petróleo e do gás de xisto compensasse as produções tradicionais de petróleo e gás, a produção de petróleo e gás seria reduzida e os preços do gás natural estabilizariam, fazendo com que os preços do petróleo continuassem a ser estáveis, mas como será compensada a quantidade de GNL necessária para o cumprimento das obrigações contratuais?

Preocupação E: O GNL não tem a vantagem de preço para competir com o gás canalizado.

O gás canalizado, um importante concorrente do GNL em termos de preço, não necessita de liquefação, transporte, armazenamento e outros equipamentos especiais, pelo que o preço é naturalmente mais barato do que o do GNL. Por outras palavras, de acordo com o território atualmente detido pelo gás canalizado, o gás natural mais caro (por exemplo, o GNL) tem dificuldade em entrar no mercado para se tornar o principal.

Por exemplo, a exportação de gás natural é extremamente importante para as receitas financeiras da Rússia, especialmente do mercado europeu. No passado, a Europa Ocidental dependia fortemente do gás natural importado da Rússia. Em 2015-2016, com o colapso dos preços mundiais do petróleo, a Rússia compensou o declínio dos preços do petróleo e do gás através do aumento das exportações de gás natural, reduzindo assim a perda de financiamento. Atualmente, devido ao facto de as exportações de gás natural dos EUA proporcionarem estabilidade e mais opções de fornecimento de energia a alguns países europeus, a dependência da Europa em relação ao gás natural russo deverá enfraquecer no futuro, o que também deverá exercer mais pressão sobre os preços do gás natural russo. Para além da redução das receitas fiscais no futuro, a Rússia já não pode controlar os mercados europeus de gás natural. Podemos ver como as exportações de GNL dos EUA influenciam a geopolítica europeia. Aparentemente, mas tendo em conta as considerações económicas de vantagem de preço, as caraterísticas marítimas do GNL e outras, a menos que haja outros países a exportar um grande número de gás canalizado (como o Irão, o Egito, etc.) para a Europa, não se pode negar que o gás natural russo continuará a ser o principal produto dos mercados europeus.

Comentários:

De acordo com os dados da IGU (2017), nas estações de produção de GNL em construção nos Estados Unidos, haverá 13 estações concluídas e inauguradas até 2020, pelo que haverá 575 500 toneladas (78,3 mil milhões de metros cúbicos) de capacidade de produção de gás natural, equivalente a metade de toda a capacidade de GNL atualmente construída (50,24%), esta capacidade de planeamento das exportações excedeu a atual quantidade de abastecimento interno, que não inclui as outras estações de exportação de gás natural previstas.

Nessa altura, os fornecedores, para a implementação do montante de exportação do contrato de GNL, são obrigados a apropriar-se indevidamente da quota de gás natural local, desencadeando assim o fornecimento de gás doméstico e aumentos de preços, resultando subsequentemente no enfraquecimento da competitividade das indústrias locais, especialmente a indústria de energia intensiva e a indústria petroquímica. Entretanto, as pessoas que consomem energia pagarão mais custos. Não se trata apenas de um problema de sobrevivência industrial, mas também de uma questão política.

Tomando a Austrália como exemplo, "espera-se que a Austrália ultrapasse o Qatar e se torne o maior exportador de GNL do mundo em 2018", previu a Associação Australiana da Indústria de Petróleo e Gás. As exportações de GNL da Austrália em 2016 ascenderam a 41,7467 milhões de toneladas, com um aumento de 42,71%, em comparação com 2015, ocupando o segundo lugar no mundo. No entanto, segundo os dados, "mais de 80% do gás natural da Austrália é utilizado para exportação, deixando menos de 20% para uso doméstico". De acordo com a análise, os exportadores australianos, para cumprirem os montantes contratuais, tiveram de comprar gás natural local. A tensão da oferta fez subir os preços do gás natural nacional em 60%, o preço grossista duplicou, sendo também mais caro do que o gás natural australiano utilizado no Japão. Para acalmar as preocupações e proteger os residentes e as empresas para que disponham de uma oferta suficiente de gás natural para travar a subida dos preços, o Primeiro-Ministro australiano, Malcom Turnbull, promulgou, em 27 de abril de 2017, o "Mecanismo de proteção do petróleo e do gás no mercado interno australiano" e anunciou a intervenção formal na exportação de gás natural. A partir dos dados das estações de exportação de GNL dos Estados Unidos e das produções e consumos de gás natural, no futuro, os Estados Unidos devem tomar precauções para evitar o atual dilema da Austrália.

7. Conclusões e implicações políticas

Desde julho de 2005, o preço do petróleo ultrapassou os 60 dólares americanos/barril, pelo que muitos países começaram a voltar-se para a investigação e desenvolvimento de novas energias. O progresso do desenvolvimento do valor comercial das novas energias será um indicador importante do preço do petróleo na tendência a longo prazo. Neste período de transição, a expansão do desenvolvimento e da aplicação do rico gás natural tornou-se uma tendência inevitável. O empenhamento mundial no desenvolvimento dos campos de gás e nas exportações de GNL alterará a longo prazo as tendências de equilíbrio do mercado mundial do petróleo e do gás.

Em 2016, o consumo global de GNL aumentou apenas 2,45%, o que foi um aumento maior, em comparação com 1,50% em 2015, mas houve uma diminuição significativa, em comparação com o aumento anual de 12% em 2002-2011, mostrando que o globo entrou numa fase de aumento gradual. Assim, o aumento substancial da oferta de GNL nos últimos anos causará problemas nos preços do GNL.

Quando os EUA começarem a exportar GNL, o efeito de substituição de energia terá alguns impactos no petróleo. Nos próximos anos, a situação de subida dos preços do petróleo registada no período 2002-2008 deixará de se verificar facilmente.

As diferenças entre "produção e consumo" e "oferta e procura" são pequenas no mercado interno de GNL dos EUA, o que resulta na falta de capital de exportação de GNL. Por outras palavras, a escala de exportação de GNL dos EUA é limitada, para além de que os preços locais do gás aumentarão em conformidade. Não só a economia dos EUA será prejudicada devido às causas trazidas pelo petróleo e gás de xisto locais para exportação, mas também, a curto prazo, a exportação de GNL dos EUA fará com que a situação do comércio global de GNL tenha um efeito de "alimentar as chamas".

O investimento inicial e o custo de construção da indústria de GNL são bastante dispendiosos. A exportação de GNL dos EUA é construída com base na atual produção excessiva de gás natural. No entanto, quando as produções tradicionais de petróleo e gás diminuírem e o petróleo e o gás de xisto existentes não conseguirem compensar, a oferta de matérias-primas será limitada. Além disso, se os custos aumentarem e a Ásia continuar a ser o principal mercado de consumo de GNL, é necessário avaliar actuarialmente se o seu preço continua a ser competitivo.

Nos últimos anos, a oferta de GNL aumentou significativamente, pelo que a transação de GNL é gradualmente benéfica para o mercado do comprador, o que faz com que o preço do GNL se altere naturalmente e o preço do contrato deixe de ser como antes, nomeadamente, "Take or Pay" ou "Ship or Pay", entretanto, os contratos de longo prazo e de tipo rígido são assinados por 20-25 anos. No ambiente de baixo custo e baixo lucro do GNL, os Estados Unidos podem não ser os vencedores e os maiores beneficiários deverão ser os países da Ásia Oriental, como o Japão, a Coreia do Sul, Taiwan e outros grandes compradores potenciais, como a China continental e a Índia, que também serão substancialmente beneficiados. Os países da Ásia Oriental sofrerão assim alguns pequenos ajustamentos na competitividade da classificação mundial.

Taiwan é um país altamente dependente da importação de energia. Em 2016, as importações de GNL atingiram 19,5 mil milhões de m^3, representaram 5,6% das importações globais e ocuparam o quinto lugar no mundo. A importação de GNL é benéfica para as indústrias de consumo de gás natural, especialmente em termos de produção de energia. No entanto, no que diz respeito aos requisitos de proteção ambiental e ao desenvolvimento da indústria da energia nuclear, uma importação excessiva de GNL pode causar problemas. Se Taiwan pretender investir na indústria de GNL a montante, os riscos futuros devem ser considerados.

Os preços do petróleo têm vindo a descer desde há algum tempo. Teoricamente, a descida dos preços do petróleo deveria ser favorável ao desenvolvimento económico mundial, mas, por enquanto, é difícil estimar o impacto negativo da descida dos preços do petróleo na economia mundial e na geopolítica. A riqueza do GNL fará com que a tecnologia do gás natural seja actualizada e utilizada de forma expansiva, alterando finalmente a estrutura energética mundial.

Prevê-se que, a curto prazo (até 2020), a produção de GNL tenha um efeito inibidor sobre os preços do petróleo e do gás. No entanto, a longo prazo (previsto para depois de 2022), a volatilidade dos preços do petróleo e do gás é inevitável; o rápido crescimento da procura de energia por parte dos grandes compradores de GNL da China continental e da Índia poderá levar à estabilização dos preços do petróleo e do gás.

Referências

[1] TIER, Analysis of APERC's "LNG Trade in Asia Pacific" report, 2016, http://apecenergy.tier.org.tw/report/article20.php

[2] EIA, Drilling Productivity Report, EIA, julho de 2017, https://www.eia.gov/petroleum/drilling/pdf/dpr-full.pdf

[3] Hao, R.S.K. O rápido desenvolvimento do gás de xisto dos EUA, por que é difícil de ser copiado? Hao Rui Shuo King, 2 de agosto de 2016, Website: https: //kknews.cc/finance/y25p8g.html

[4] UDN, The shale oil development side effects ... natural gas prices fall, 2017, https: //money.udn.com/money/story/5599/2395347

[5] Oil Online, American shale gas development, 2015.07.21, https: //read01.com/A70K40.html

[6] UDN, A produção de carvão dos EUA e da Índia voltou a aumentar este ano, 2017.06.26, Diário Económico, Liu Yun relatou, https: //udn.com/news/story/6811/2547558

[7] Taipower, Comparison of national electricity prices, Taiwan Electric Power Company, 2017, http: //www. taipower. com.tw/content/new_infor/new_mfo-dl 6.aspx?LinkID =14

[8] Xie, Q. O novo spoiler da indústria energética mundial apareceu oficialmente: o gás de xisto dos Estados Unidos, Xie Qiang, 2017.06.18, https: //www.stockfeel.com.tw/ indústria energética mundial, o novo spoiler apareceu oficialmente: o gás de xisto dos Estados Unidos/

[9] Tech News, Os Estados Unidos, enquanto exportador líquido de gás natural, estabeleceram um marco na revolução do xisto, https: //finance.technews.tw/2016/11/28/us-natural-gas-develop/

[10] Li, Z. A indústria transformadora dos EUA, para onde vai? O impacto das exportações de GNL dos Estados Unidos no mercado global, novembro de 2016, relatórios sobre energia, Li Zhengming, http: //energymonthly. tier.org.tw/Report/20161 1/40.pdf

[11] KKnews, Mais um país fornecedor de gás natural liquefeito - Estados Unidos, 2016.3.10, https ://kknews .cc/zh-tw/ finance/omvpyp.html

[12] Twenergy, US natural gas export future trends, 2017, http: //km.twenergy.org.tw/ReadFile/? P = KLBase & n = Tendência de desenvolvimento futuro da exportação de gás natural dos EUA.

[13] Gold678, Porque é que os preços do gás natural nos EUA vão duplicar num ano futuro? 2016, http: //finace.sina.com.cn/stock/usstock/c/2016-04-10/doc-ifxrcizu3892270.shtml

[14] Pang, M. The United States will not become the world's largest exporter of liquefied natural gas, 2012.05.28, http: //www.trqgy.com/fblog/artview? ID = 101 & id = 15418

Apêndice I

Foram construídas estações de exportação de GNL em todo o mundo.

No.	Country	Project title	Enabled year	Rated capacity (Mt/yr)	Investment shareholder*
1	United States	Kenai LNG**	1969	1.5	ConocoPhillips
2	Libya	Marsa El Brega***	1970	3.2	LNOC
3	Brunei	Brunei LNG T1-4	1973	5.76	Government of Brunei, Shell, Mitsubishi
4	Brunei	Brunei LNG T5	1974	1.44	Government of Brunei, Shell, Mitsubishi
5	United Arab Emirates	ADGAS LNG T1-2	1977	2.6	ADNOC, Mitsui, BP, TOTAL
6	Algeria	Arzew - GL1Z (T1-6)	1978	7.9	Sonatrach
7	Algeria	Arzew - GL2Z (T1-6)	1981	8.2	Sonatrach
8	Indonesia	Bontang LNG T3-4	1983	5.4	Pertamina
9	Malaysia	MLNG Satu (T1-3)	1983	8.4	PETRONAS, Mitsubishi, Sarawak State Government
10	Australia	North West Shelf T1	1989	2.5	BHP Billiton, BP, Chevron, Shell, Woodside, Mitsubishi, Mitsui
11	Australia	North West Shelf T2	1989	2.5	BHP Billiton, BP, Chevron, Shell, Woodside, Mitsubishi, Mitsui
12	Indonesia	Bontang LNG T5	1990	2.9	Pertamina
13	Australia	North West Shelf T3	1992	2.5	BHP Billiton, BP, Chevron, Shell, Woodside, Mitsubishi, Mitsui
14	United Arab Emirates	ADGAS LNG T3	1994	3.2	ADNOC, Mitsui, BP, TOTAL
15	Indonesia	Bontang LNG T6	1995	2.9	Pertamina
16	Malaysia	MLNG Dua (T1-3)	1995	9.6	PETRONAS, Shell, Mitsubishi, Sarawak State Government
17	Qatar	Qatargas I (T1)	1997	3.4	Qatar Petroleum, ExxonMobil, TOTAL, Marubeni, Mitsui
18	Qatar	Qatargas I (T2)	1997	3.4	Qatar Petroleum, ExxonMobil, TOTAL, Marubeni, Mitsui
19	Indonesia	Bontang LNG T7	1998	2.7	Pertamina
20	Qatar	Qatargas I (T3)	1998	3.2	Qatar Petroleum, ExxonMobil, TOTAL, Marubeni, Mitsui

No.	Country	Project title	Enabled year	Rated capacity (Mt/yr)	Investment shareholder*
21	Qatar	RasGas I (T1)	1999	3.3	Qatar Petroleum, ExxonMobil, KOGAS, Itochu, LNG Japan
22	Trinidad	ALNG T1	1999	3.3	Shell, BP, CIC, NGC Trinidad
23	Nigeria	NLNG T1	2000	3.3	NNPC, Shell, TOTAL, Eni
24	Oman	Oman LNG T1	2000	3.55	Government of Oman, Shell, TOTAL,
25	Indonesia	Bontang LNG T8	2000	3	Pertamina
26	Oman	Oman LNG T2	2000	3.55	Government of Oman, Shell, TOTAL,
27	Qatar	RasGas I (T2)	2000	3.3	Qatar Petroleum, ExxonMobil, KOGAS, Itochu, LNG Japan
28	Nigeria	NLNG T2	2000	3.3	NNPC, Shell, TOTAL, Eni
29	Trinidad	ALNG T2	2002	3.4	Shell, BP
30	Nigeria	NLNG T3	2003	3	NNPC, Shell, TOTAL, Eni
31	Trinidad	ALNG T3	2003	3.4	Shell, BP
32	Malaysia	MLNG Tiga (T1-2)	2003	7.7	PETRONAS, Shell,
33	Qatar	RasGas II (T1)	2004	4.7	Qatar Petroleum, ExxonMobil
34	Australia	North West Shelf T4	2004	4.6	BHP Billiton, BP, Chevron, Shell, Woodside, Mitsubishi, Mitsui
35	Egypt	Damietta LNG T1***	2005	5	Gas Natural Fenosa, Eni, EGPC, EGAS
36	Egypt	ELNG T1***	2005	3.6	Shell, PETRONAS, EGAS, EGPC, ENGIE
37	Qatar	RasGas II (T2)	2005	4.7	Qatar Petroleum, ExxonMobil
38	Egypt	ELNG T2***	2005	3.6	Shell, PETRONAS, EGAS, EGPC
39	Oman	Qalhat LNG	2006	3.7	Government of Oman, Oman LNG, Gas Natural Fenosa, Eni, Itochu, Mitsubishi,Osaka Gas
40	Trinidad	ALNG T4	2006	5.2	Shell, BP, NGC Trinidad
41	Nigeria	NLNG T4	2006	4.1	NNPC, Shell, TOTAL, Eni
42	Nigeria	NLNG T5	2006	4.1	NNPC, Shell, TOTAL, Eni
43	Australia	Darwin LNG T1	2006	3.7	ConocoPhillips, Santos, INPEX, Eni, JERA, Tokyo

No.	Country	Project title	Enabled year	Rated capacity (Mt/yr)	Investment shareholder*
					Gas
44	Qatar	RasGas II (T3)	2007	4.7	Qatar Petroleum, ExxonMobil
45	Equatorial Guinea	EG LNG T1	2007	3.7	Marathon, Sonagas, Mitsui, Marubeni
46	Norway	Snøhvit LNG T1	2008	4.2	Statoil, Petoro, TOTAL, ENGIE, LetterOne
47	Nigeria	NLNG T6	2008	4.1	NNPC, Shell, TOTAL, Eni
48	Australia	North West Shelf T5	2008	4.6	BHP Billiton, BP, Chevron, Shell, Woodside, Mitsubishi, Mitsui
49	Qatar	Qatargas II (T1)	2009	7.8	Qatar Petroleum, ExxonMobil
50	Russia	Sakhalin 2 (T1)	2009	5.4	Gazprom, Shell, Mitsui, Mitsubishi
51	Russia	Sakhalin 2 (T2)	2009	5.4	Gazprom, Shell, Mitsui, Mitsubishi
52	Qatar	RasGas III (T1)	2009	7.8	Qatar Petroleum, ExxonMobil
53	Qatar	Qatargas II (T2)	2009	7.8	Qatar Petroleum, ExxonMobil, TOTAL
54	Indonesia	Tangguh LNG T1	2009	3.8	BP, CNOOC, JX Nippon Oil & Energy, Mitsubishi, INPEX, KGBerau, Sojitz, Sumitomo, Mitsui
55	Yemen	Yemen LNG T1	2009	3.6	TOTAL, Hunt Oil, Yemen Gas Co., SKGroup, KOGAS, Hyundai, GASSP
56	Indonesia	Tangguh LNG T2	2010	3.8	BP, CNOOC, JX Nippon Oil & Energy, Mitsubishi, INPEX, KG Berau, Sojitz, Sumitomo, Mitsui
57	Qatar	RasGas III (T2)	2010	7.8	Qatar Petroleum, ExxonMobil
58	Yemen	Yemen LNG T2	2010	3.6	TOTAL, Hunt Oil, Yemen Gas Co., SK Group, KOGAS, Hyundai, GASSP
59	Peru	Peru LNG T1	2010	4.45	Hunt Oil, Shell, SK Group, Marubeni
60	Qatar	Qatargas III	2010	7.8	Qatar Petroleum, Conoco Phillips, Mitsui
61	Qatar	Qatargas IV	2011	7.8	Qatar Petroleum, Shell
62	Australia	Pluto LNG T1	2012	4.43	Woodside, Kansai

No.	Country	Project title	Enabled year	Rated capacity (Mt/yr)	Investment shareholder*
					Electric, Tokyo Gas
63	Algeria	Skikda - GL1K Rebuild	2013	4.5	Sonatrach
64	Angola	Angola LNG T1	2014	5.2	Chevron, Sonangol, BP, Eni, TOTAL
65	Papua New Guinea	PNG LNG T1	2014	3.45	ExxonMobil, Oil Search, PNG Government, Santos, JX Nippon Oil & Energy, MRDC, Marubeni, Petromin PNG
66	Papua New Guinea	PNG LNG T2	2014	3.45	ExxonMobil, Oil Search, PNG Government, Santos, JX Nippon Oil & Energy, MRDC, Marubeni, Petromin PNG
67	Algeria	Arzew - GL3Z (Gassi Touil)	2014	4.7	Sonatrach
68	Australia	QCLNG T1	2015	4.25	Shell, CNOOC
69	Australia	QCLNG T2	2015	4.25	Shell, Tokyo Gas
70	Indonesia	Donggi-Senoro LNG	2015	2	Mitsubishi, Pertamina, KOGAS, Medco
71	Australia	GLNG T1	2016	3.9	Santos, PETRONAS, TOTAL, KOGAS
72	Australia	Australia Pacific LNG T1	2016	4.5	ConocoPhillips, Origin Energy, Sinopec
73	United States	Sabine Pass T1	2016	4.5	Cheniere Energy, Blackstone
74	Australia	GLNG T2	2016	3.9	Santos, PETRONAS, TOTAL, KOGAS
75	United States	Sabine Pass T2	2016	4.5	Cheniere Energy, Blackstone
76	Australia	Gorgon LNG T1	2016	5.2	Chevron, ExxonMobil, Shell, Osaka Gas, Tokyo Gas, JERA
77	Australia	Gorgon LNG T2	2016	5.2	Chevron, ExxonMobil, Shell, Osaka Gas, Tokyo Gas, JERA
78	Malaysia	MLNG T9	2017	3.6	PETRONAS, JX Nippon Oil & Energy, Sabah State

Nota: 1 milhão de toneladas de GNL é equivalente a cerca de 1,36 mil milhões de metros cúbicos de gás natural normal

Extraído de: 2017 World LNG Report, International Gas Union (IGU)

Sítios Web: http://www.igu.org/sites/default/files/103419-World_IGU_Report_no%20crops.pdf

Fonte de dados: HIS, anúncios de empresas

*   As empresas são listadas por dimensão da participação, começando pela maior.

*   * A licença de exportação da Kenai LNG é válida até fevereiro de 2018, embora as futuras exportações da fábrica sejam
   incerto. Não exportou cargas em 2016.

3   ** Damietta LNG no Egito não funciona desde o final de 2012; as operações na ELNG no Egito regressaram em 2016, depois de a fábrica não ter exportado cargas em 2015. A fábrica de Marsa El Brega, na Líbia, foi incluída como referência, embora não esteja a funcionar desde 2011.

Estão a ser construídas estações de exportação de GNL em todo o mundo.

No.	Country	Project title	Enabled year	Rated capacity (Mt/yr)	Investment shareholder
1	Australia	Australia Pacific LNG T2	2017	4.5	ConocoPhillips, Origin Energy, Sinopec
2	Malaysia	PFLNG Satu	2017	1.2	PETRONAS
3	Indonesia	Senkang LNG T1	2017	0.5	EWC
4	United States	Sabine Pass LNG T3-4	2017	9	Cheniere Energy, Blackstone
5	Australia	Ichthys LNG T1	2017	4.45	INPEX, TOTAL, CPC, Tokyo Gas, Kansai Electric, Osaka Gas, JERA, Toho Gas
6	Cameroon	Cameroon FLNG	2017	2.4	Golar, Keppel
7	Australia	Gorgon LNG T3	2017	5.2	Chevron, ExxonMobil, Shell, Osaka Gas, Tokyo Gas, JERA
8	Australia	Wheatstone LNG T1	2017	4.45	Chevron, KUFPEC, Woodside, JOGMEC, Mitsubishi, Kyushu Electric, NYK, JERA
9	Russia	Yamal LNG T1	2017	5.5	Novatek, TOTAL, CNPC, Silk Road Fund
10	United States	Cove Point LNG	2017	5.25	Dominion
11	Australia	Ichthys LNG T2	2018	4.45	INPEX, TOTAL, CPC, Tokyo Gas, Kansai Electric, Osaka Gas, JERA, Toho Gas
12	Australia	Wheatstone LNG T2	2018	4.45	Chevron, KUFPEC, Woodside, JOGMEC, Mitsubishi, Kyushu Electric, NYK, JERA
13	United States	Elba Island LNG T1-6	2018	1.5	Kinder Morgan
14	Australia	Prelude FLNG	2018	3.6	Shell, INPEX, KOGAS, CPC
15	United States	Cameron LNG T1	2018	4	Sempra, Mitsubishi/NYK JV, Mitsui, ENGIE
16	Russia	Yamal LNG T2	2018	5.5	Novatek, TOTAL, CNPC, Silk Road Fund
17	United States	Cameron LNG T2	2018	4	Sempra, Mitsubishi/NYK JV, Mitsui, ENGIE

No.	Country	Project title	Enabled year	Rated capacity (Mt/yr)	Investment shareholder
18	United States	Freeport LNG T1	2018	5.1	Freeport LNG, JERA, Osaka Gas
19	United States	Corpus Christi LNG T1	2019	4.5	Cheniere Energy
20	United States	Elba Island LNG T7-10	2019	1	Kinder Morgan
21	United States	Freeport LNG T2	2019	5.1	Freeport LNG, IFM Investors
22	United States	Corpus Christi LNG T2	2019	4.5	Cheniere Energy
23	United States	Cameron LNG T3	2019	4	Sempra, Mitsubishi/NYK JV, Mitsui, ENGIE
24	United States	Sabine Pass LNG T5	2019	4.5	Cheniere Energy, Blackstone
25	Russia	Yamal LNG T3	2019	5.5	Novatek, TOTAL, CNPC, Silk Road Fund
26	United States	Freeport LNG T3	2019	5.1	Freeport LNG
27	Indonesia	Tangguh LNG T3	2020	3.8	BP, CNOOC, JX Nippon Oil & Energy, Mitsubishi, INPEX, KG Berau, Sojitz, Sumitomo, Mitsui
28	Malaysia	PFLNG 2	2020	1.5	PETRONAS

Nota: 1 milhão de toneladas de GNL é equivalente a cerca de 1,36 mil milhões de metros cúbicos de gás natural normal.

Extraído de: 2017 World LNG Report, International Gas Union (IGU)

Sítios Web: http://www.igu.org/sites/default/files/103419-World_IGU_Report_no%20crops.pdf

Fonte de dados: HIS, anúncios de empresas.

* As empresas são listadas por dimensão da participação, começando pela maior.

Unidades

Bcfd = mil milhões de pés cúbicos por dia bcm = mil milhões de metros cúbicos cm = metros cúbicos mcm = mil metros cúbicos mmcfd = milhões de pés cúbicos por dia mmcm = milhões de metros cúbicos run = milhas náuticas Tcf = triliões de pés cúbicos

KTPA = mil toneladas por ano MMBtu = milhões de unidades térmicas britânicas MT = milhões de toneladas

MTPA = milhões de toneladas por ano

Factores de conversão

	Tonnes LNG	cm LNG	cm gas	cf gas	MMBtu	boe
			Multiply by			
Tonnes LNG		2.222	1,300	45,909	53.38	9.203
cm LNG	0.450		585	20,659	24.02	4.141
cm gas	7.692×10^{-4}	0.0017		35.31	0.0411	0.0071
cf gas	2.178×10^{-5}	4.8×10^{-5}	0.0283		0.0012	2.005×10^{-4}
MMBtu	0.0187	0.0416	24.36	860.1		0.1724
boe	0.1087	0.2415	141.3	4,989	5.8	

I want morebooks!

Buy your books fast and straightforward online - at one of world's fastest growing online book stores! Environmentally sound due to Print-on-Demand technologies.

Buy your books online at
www.morebooks.shop

Compre os seus livros mais rápido e diretamente na internet, em uma das livrarias on-line com o maior crescimento no mundo! Produção que protege o meio ambiente através das tecnologias de impressão sob demanda.

Compre os seus livros on-line em
www.morebooks.shop

info@omniscriptum.com
www.omniscriptum.com

Printed by Books on Demand GmbH, Norderstedt / Germany